人生を変える！
理想の自分になる！

 習慣化メソッド
見るだけ
ノート

吉井雅之
Masashi Yoshii

宝島社

人生を変える！ 理想の自分になる！

超速！ 習慣化メソッド 見るだけ ノート

吉井雅之
Masashi Yoshii

宝島社

理想の自分に近づくには
まず " やってみること " が大切

この本を、手に取っていただきましてありがとうございます。

私は習慣形成コンサルタントとして、17年間で5万人以上の企業経営者様、自営業者様をはじめとするビジネスパーソンのみなさま、クラブ活動の生徒さん、受験生の実践トレーニングをさせていただいてきました。

これまで、数多くの「成幸者」のみなさまとお付き合いをさせていただいた中で、いくつもの共通点に気づきました。

その共通点とは、"成幸"は「特別な人だからできる」というものではなく、誰でも少し意識し、続けてみるだけで、能力向上はもちろん、自分自身をとりまく環境までも変えていくことができるということです。

1人ひとりが夢を叶えるために生まれてきたのにもかかわらず、人生に対して弱気になってしまい、勘違いをして否定的になってしまっている方がいらっしゃいます。

それは、とてももったいないことだと思います。

今日を起点に、「脳」へのアプローチを変え「悪しき習慣」を「よき習慣」に変えていきましょう。

だいじょうぶですよ。この『習慣化メソッド見るだけノート』を、あなたの人生のお供にしていただき、1つでも2つでも、ピンときたことをやってみればいいのです。

……こんな方がいらっしゃいましたら、特におすすめいたします。

「やる気はあるが、何をやってもうまくいかないと感じている人」

「目標を設定しチャレンジするけど、完遂したことがない人」

「自分の人生がうまくいかないのは、運が悪いからだと思っている人」

「本を買ってきても読まずに、本棚に並べているだけの人」

「買ってきた本を読み始めても、決まって途中で挫折してしまい、最後まで読まない人」

「セミナーや勉強会に参加するとテンションは上がるけど、具体的には何も行動に移せない人。いや、何をしていいかわからない人」

「言われたとおり、マニュアルどおり、習ったとおりやっているのに、自分だけ成果が挙がらないと感じている人」

「目標を立てたものの、ノルマと感じてしまい、"しなければいけない"と義務感に縛られてワクワクドキドキしない人」

「夢があっても、一歩を踏み出す勇気が出ない人」

　ぜひ、この本を最後まで読んでみてください。

　大切なことは「これならできそう！」「こんなに簡単なことでいいの？」と思うようなことから、やってみることです。

　だいじょうぶ。人は誰でも変わることができます。あなたは、進化し続けるのです。

　あなた自身の脳というハードは周りの方と大差はありません。あなたのハードから「うまくいかない習慣ソフト」を除去し、「成功してしまう習慣ソフト」「自己実現してしまう習慣ソフト」をインストールしましょう。

　あなたは、ご自身の人生の経営者です。自分株式会社の代表取締役として、人生の経営を死ぬまで実践するわけです。

　ご家庭でも、ビジネスの現場でも、人生そのものを豊かにするのも、しないのも、自分しだいです。

　そして、自分しだいだからこそ、自分で自由にできるのです。

　ぜひ一緒に、人生をもっとよりよく変え、理想の自分になっていきましょう。

　合言葉は……だいじょうぶ、
　あなたは、一人じゃないからね。

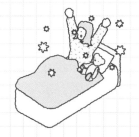

有限会社シンプルタスク
代表取締役　吉井雅之

人生を変える！理想の自分になる！

超速 習慣化メソッド 見るだけ ノート

Contents

Chapter 00
「習慣」を変えれば、未来も変わる

Chapter 01
そもそも「習慣」とは何か？

Chapter 04
習慣定着の秘訣は
「脳」へのアプローチ

Chapter 05
「よい習慣」の続け方、「悪い習慣」のやめ方

Chapter 06
人生が広がる
習慣術

「習慣」を変えれば、未来も変わる

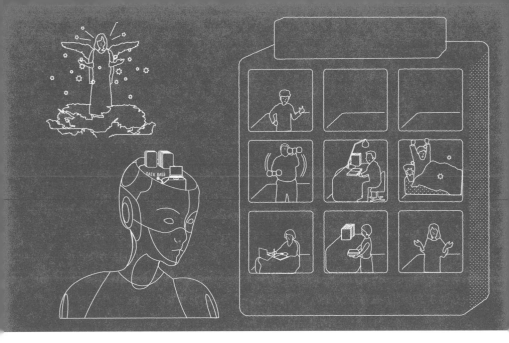

毎日が新しい習慣を始めるチャンス！
今から始める習慣の積み重ねで、
未来の自分を作り上げましょう

今の自分を作っているのは「習慣」です。生まれてからこれまで、あなたが行ってきたあらゆる習慣が、あなたの人生を決めているのです。そして、今から意識して習慣を変えれば、あなたの未来は劇的に変わります。

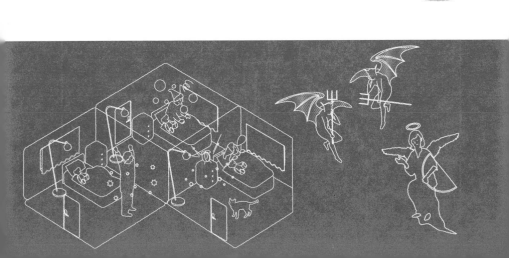

習慣が人生のすべてを決めている

「今の自分」は、過去の言葉や言動、思考など、1つ1つの「習慣」の積み重ねによって作り上げられたものです。

今の自分を作っているのは、**過去の習慣の積み重ね**に他なりません。そう聞くと、「生まれ持った**能力**や資質の優劣は、習慣と関係ないのでは？」と思う人もいるかもしれません。たしかに、学校に行けば「成績のよい子」と「成績の悪い子」がいます。でもそれは、生まれ持った**能力**の差ではありません。単にコツコツ勉強する習慣がある子と、その習慣がない子がいるだけなのです。

学校の成績の違いは、能力ではなく習慣の差

あなたは今「タバコをやめられない」「ついつい食べすぎてしまう」といった悩みを持っているかもしれません。しかし、その原因はあなたの意志が弱いからでも、やる気がないからでもありません。ましてや生まれ持った能力や資質のせいでもありません。では、なぜ思いどおりにいかないのか？ それは**「習慣の作り方」**を知らないからです。そして、どんな習慣を身につけるかであなたの人生が決まります。

どんな「習慣」を身につけるかで人生が決まる

Habits Palace

早起き　　体によい食事　　勉強

運動　　読書　　貯金

心地よい睡眠

「習慣」とは、
自分でやると決めたことを
コツコツと続けること

人はどんな習慣を
身につけるかで
人生が決まるのです

02 毎日が新しい習慣を始めるチャンス

習慣形成に年齢制限はありません。習慣化は、誰でも、いつからでも始められます。

誰でも、いつからでも始められるのが習慣のよいところです。「こうなりたい」という夢を描くのに年齢制限はありません。もちろん、物理的に無理なことはあります。たとえば、定年後に「プロボクシングの世界チャンピオンになる」と決意したとしても、実現するのは難しいでしょう。しかし、アマチュアの年齢別世界チャンピオンであれば、その夢が叶う可能性は十分にあります。すべての人が、毎日新たなスタートを切るチャンスを与えられているのです。

習慣は何歳からでも身につけられる

習慣を身につけるのに、「やる気」は必要ありません。実際のところ、やる気は誰にも測れません。では、やる気のあるなしは誰が決めているのでしょうか？答えは、自分自身です。たとえば、100mを走ったとして「20秒もかかった。自分は能力が低い」と考える習慣があるのか、「20秒で走れるなんて、自分は能力がある」と考える習慣があるのか。どちらの思考習慣を身につけているかで「能力があるかないか」の**錯覚**が生まれるのです。所詮錯覚なら、思い切り自分に都合よく、「自分は意志が強い」と錯覚すればいいのです。

人生を変えるのは、ただの「錯覚」

自分は
意志が強い！

①まずは思い込む
最初はウソでもいいので「自分は意志が強い」と思い込みましょう

②潜在意識に刷り込む
すると脳がだまされて「意志が強い自分」が潜在意識に刷り込まれます

思い切り自分に都合よく「錯覚」すれば、行動はあとからついてきます

毎日のランニングなんて一生無理だと思っていたのに…

③思い込みが現実に
これを続けていると、そのうち本当に「意志が強い人間」として行動するようになります

すべての習慣は「脳への刷り込み」の結果

習慣とは脳への刷り込みの結果であり、その習慣の積み重ねが人を作り上げていきます。

生まれた時はみんな同じ条件なのに、なぜ歳を重ねると「習慣」という違いが生まれるのでしょうか？ その理由は「**刷り込み**」です。小さいころから「あなたはダメな子ね」と言われ続けた子は、「自分はダメな子」と思うようになります。何度も反復して耳から入ってきた言葉が、脳に刷り込まれるからです。刷り込みが習慣を作り、その習慣が人を作り上げていくのです。

言葉は脳に刷り込まれる

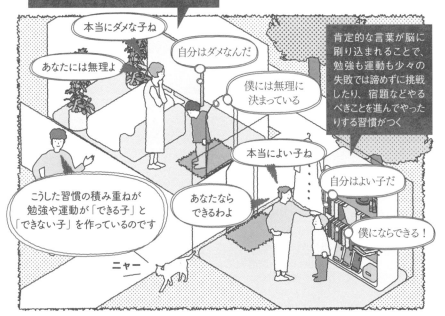

刷り込まれるのは、他人の言葉だけではありません。たとえば、心からの笑顔ができる営業マンは、「この商品を使って、お客様が喜んでくれたら嬉しい」という刷り込みを自分自身で行い、無意識のうちに笑顔になる習慣が身についているのです。つまり、生まれ持った能力や資質だと思われていることも、そのほとんどは脳への刷り込みの結果であり、潜在意識によって生み出された習慣なのです。

刷り込みが習慣を作る

子どものころから「食べたら歯を磨きなさい」と言われ続けてきたので、多くの大人は無意識のうちに歯を磨いているはずです

習慣とは、この歯磨きのように自分では意識していなくてもついやってしまうことや、自然とそうしてしまうこと

前項でも解説したとおり自分が発した言葉も脳にしっかりと刷り込まれます

自分には無理だ

人は習慣に操られているだけ！

刷り込みが習慣を作り習慣が1人の人間を作り上げていくのです

うまくいくはずがない

そのため、否定的な言葉が口癖になっていると、いつの間にか何に対しても自信が持てなくなってしまいます

つまり、口癖を変えるなど意識的に肯定的な刷り込みを行えば、自分で自分の習慣を変えられるということです

17

04

習慣を変えれば、未来も変わる

何か1つのことをやると決めて、それを反復して脳に刷り込むことで「未来の自分」を変えることができます。

刷り込みは、自分自身でもできます。どんな小さなことでも構わないので、まずは何か1つのことをやると決めて、それを常に意識して繰り返し反復し、自分の脳に刷り込みましょう。そうすれば、今までとは違う新たな習慣が身につきます。過去の習慣の積み重ねが今の自分を作っているのであれば、今から始める習慣の積み重ねで、未来の自分を作り上げればいいのです。

「習慣」とは未来を作る手段

習慣が1つ増えたからといって、短時間で目に見える結果が出るわけではありません。しかし、1年、さらにまた1年とコツコツ続けることで、「自分も何かを続けられた」という自信がつきます。何かを習慣化できたという実績が、あなた自身を変えてくれるのです。重要なのは、「何を続けるか」ではありません。続けることそのものに、とてつもない価値があるのです。

SHUUKANKA
METHOD
mirudake note

Chapter 01

そもそも
「習慣」とは何か?

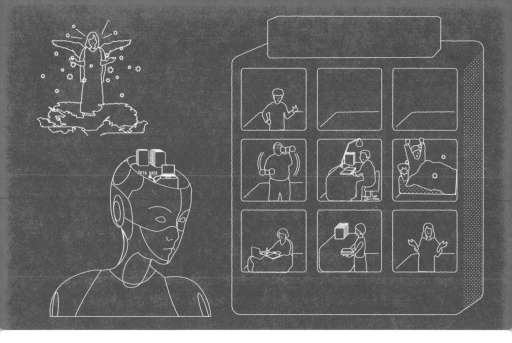

どんな小さなことでもいいので、
何か1つの「習慣」を続けてみましょう。
たったそれだけで、人生は変わります

Chapter 01では、そもそも習慣とは何なのか？　新たな習慣を始めることで何が起こるのか？　そして、習慣を続けるためにはどうすればいいのかを解説します。まずは「習慣」の力で、運のいい自分を作り上げましょう。

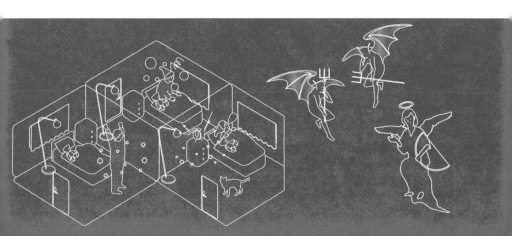

01 「習慣」とは "無意識にやってしまう" こと

何かを「意識してやっている」うちは、それは習慣とは言えません。習慣とは「無意識の反応」だからです。

習慣とは、一般的には「あるものごとを継続して行うこと」と理解されています。しかし、「これを続けなくては」と意識してやっているうちは、厳密には習慣とは呼べません。前章で説明したとおり、習慣とは「潜在意識への刷り込みが引き起こす無意識の反応」です。つまり、自分では意識せず何気なくやってしまうことを「習慣」と呼ぶのです。そして、その無意識の言動にこそ、その人の "**本性**" が現れるのです。

まずは「自分の本性」を知ることが大切

必ずお役に立ちますので

ニコニコ

う～ん

ムッ

いや、やっぱりいりません

笑顔を作っていた営業マンが相手に断られた瞬間、自分でも気づかないうちにムッとした表情になってしまう…。これが "本性" です

他人を不快な気持ちにさせないことはもちろんですが、できれば「感じのいい人」と思ってもらうために、どんな場面でも「無意識のうちに笑顔になってしまう」習慣を作り上げる必要があります

今の「**自分の本性**」と「**なりたい自分**」との間にギャップがあるという事実と向き合った時点で、すでにあなたは自分を変えるための第一歩を踏み出しています。自分の現在地を知らなければ、目指すゴールまでの距離や方角もわかりません。しかし、今の自分の"本性"がわかれば、「なりたい自分」を目指して正しい努力ができるようになります。

現在の自分を否定する必要はない

今の自分は過去の習慣によって作り上げられたもの

まずは今の自分を作り上げたものが何かを知ることが大切

今の自分

なりたい自分

「なりたい自分」を思い描ける人は、間違いなく自分を変える力を秘めています

あとは「習慣」というスキルを使ってそこに近づいていくだけ！

今の自分（の本性）と「なりたい自分」との間にあるギャップを見つめることで、今度は自分が思い描くとおりに未来の自分を作れるようになる

02 まずは「なりたい自分」を思い描く

習慣形成の成功率を高めるためには、「自分は誰かに認められている」という承認欲求の充足が大きな原動力になります。

習慣を作るには、1つのことを意識的に反復する必要があります。そのためには「自分はこうなりたい」という思いがなければ、頑張って反復を続けることは難しくなります。そして、その「思い」が深いほど、習慣形成の成功率は高まります。思いを深めるための一番のポイントは、「**理想の自分**を手に入れた時、それを見て誰が喜んでくれるか」を想像することです。

「習慣形成」のための方程式

自分が成果を出した時、それをともに喜び、自分自身を認めてくれる人物がいることは何よりの原動力になります。家族や友人、上司や同僚、仕事のお客様など、人によっていろいろな顔が浮かんでくるでしょう。そのイメージを具体的に描ければ、その分だけ思いは深まります。「**思いの深さ**」と「**繰り返し反復**」という行動が組み合わさった結果、「習慣」という大きな財産を手にすることができるのです。

思いを深めるポイント

03 習慣とは「自分との約束を守ること」

習慣を変えることでものの見方も変わり、あなたの身のまわりにチャンスがあふれ出してくるようになります。

習慣とは、言い換えれば「**自分との約束**を守ること」です。ここで重要なのは、約束の内容を「**自分で決める**」ということです。意外に思うかもしれませんが、多くの人はものごとを自分では決めていません。「もっと頑張ろう」「もっと努力しなくては」と考えてはいても、「そのために何をするのか」は決めていないことがほとんどです。だから結局、具体的な日々の行動は何も変わらず、習慣も身につかないのです。

大切なのは「これをやる！」と決めること

ほとんどの人は「習慣作りができない」と思っています。でも、それは正しくありません。「自分で決める」という大事なステップを飛ばしているから、「習慣が始まらない」だけなのです。これは裏を返すと、自分で決めさえすれば、どんな習慣でも作り出せるということです。そして１つの習慣を身につけるだけで、あなたの身のまわりにチャンスがあふれ出すようになります。

習慣を変えればものの捉え方も変わる

04 続く習慣と 続かない習慣の違い

自分の脳をだますことで、「続かない習慣」は「続く習慣」に変えることができます。

これまで「よい習慣を身につけようとして挫折した」という人も多いと思います。それでは、続く習慣と続かない習慣の違いはどこにあるのでしょう？ それは「脳が楽しいと感じるか、感じないか」です。「そんな単純な話なの？」と驚く人もいるかもしれません。しかし、脳のしくみからいえば、**すべては「好き嫌い」で決まる**のです。要するに、人間は楽しいことしか続かないのです。

人間は楽しいことしか続かない

好き、楽しい、嬉しい、ワクワクなど「快」を感じたものには、人は自ら接近していきます

五感から脳に入った情報は、扁桃核（へんとう）という部位が「快・不快」を判断します

嫌い、退屈、悲しい、ムカムカなど「不快」を感じたものから人は遠ざかろうとします

これを「接近反応」と言います

これを「回避反応」と言います

だから好きなことは続くし嫌いなものは続かないのです

たいていの人は「スマホゲームをせずに勉強することが正しい」というように、「これをやるのが正しいから続けなくてはいけない」と考えます。しかし、脳は正しさだけで何かを続けることはできません。そこにワクワクする感情がないと、いくら正しいことでも脳が勝手に回避反応を起こしてしまいます。習慣を身につけるために必要なのは「正しいことを無理に続けようとする」ことではなく、**「正しいことを楽しむ努力」**をすることなのです。

「快・不快」を判断するメカニズム

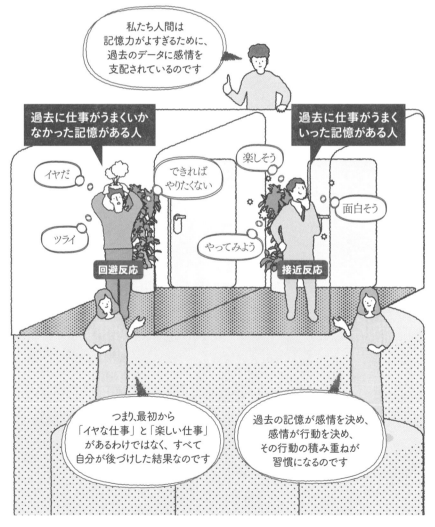

05 「悪い習慣」を やめられない理由

習慣形成が「うまくいかない人」と「うまくいく人」の差は、
その人が「安楽欲求型」か「充実欲求型」かで説明できます。

前項で説明したとおり、扁桃核の「快・不快」の判断によって、人間の感情や
行動は「接近反応」と「回避反応」に分かれます。この反応のパターンに着目
すると、習慣形成が「うまくいく人」と「うまくいかない人」の違いが鮮明に
なります。つまり、うまくいく人は「必要があることに接近し、必要がないこと
を回避する」傾向があります。一方、うまくいかない人は「必要があることを
回避し、必要がないことに接近する」傾向があります。

「うまくいく人」と「うまくいかない人」の違い

うまくいく人は
「必要があることに接近し、
必要がないことを回避する」

ダイエットをするなら…
コンビニに行ってもスイー
ツの棚には近寄らない

英語の勉強をするなら…
参考書をいつもカバンに
入れている

うまくいかない人は
「必要があることを回避し、
必要がないことに接近する」

英語の勉強をするなら…
参考書を机の隅に置きっ
ぱなしにしている

ダイエットをするなら…
コンビニへ行くとスイーツの
棚に近寄っていってしまう

ICE&SWEETS

習慣を作るために、もう1つ理解しておくべきことがあります。それは、人間には「**安楽の欲求**」と「**充実の欲求**」という2つの欲求があるということです。習慣を作ろうとする時、この2つの欲求がぶつかり合います。そこで安楽の欲求が勝ってしまうと、習慣は続きません。目の前の安楽に流されず、充実した人生を送ろうと意識することで、人間は誰でも、何歳からでも成長することができるのです。

「安楽の欲求」と「充実の欲求」

**安楽の欲求とは
「楽をして生きたい」と求める心**
食欲、睡眠欲、性欲、物欲、支配欲、
私利私欲…etc.

安楽欲求型の人の思考パターン
▶ 面倒なことは避けたい
▶ 自分に責任が回ってくるのが嫌
▶ 新しいことにチャレンジしたくない

安楽を求める人は、
他者に期待する"依存型"
の姿勢で生きています

充実欲求型の人は
自分に期待する"自立型"
の姿勢で生きています

安楽欲求型の人の行動パターン
▶ 他人に責任を転嫁する
▶ 指示がなければ行動しない
▶ トラブルの処理や仕事の改善・向上が遅れる

**充実の欲求とは
「充実して生きたい」と求める心**
自己実現欲、自己成長欲、価値創造欲、
社会調和欲…etc.

充実欲求型の人の思考パターン
▶ ビジョン達成のためなら面倒をいとわない
▶ 責任ある仕事をしたい
▶ 新しいことへの挑戦を好む

人は何も意識せずに生きていると
安楽の欲求が勝つようになっています。
ただし、それでは習慣が身につかず
人生をよりよくすることもできません

充実欲求型の人の行動パターン
▶ 自分が責任を取る
▶ 指示がなくとも自ら考えて行動する
▶ トラブルの処理や仕事の改善・向上が速い

31

06
「たった１つの習慣」でも人生が劇的に変わる

「習慣を身につける」と言っても、それほど大げさに考える必要はありません。たった１つの習慣でも、人生は変えられます。

年齢や職業にかかわらず、誰しも習慣をたった１つ身につけるだけで人生を変えることができます。仕事や勉強、家庭や人間関係まで、習慣はあらゆる場面であなたの強い味方になってくれますし、どんなにささやかなことでも、続けていけば思い描いたとおりの自分になることができます。みなさんも、どんなに小さなことでもいいので、何か１つ続けてみてください。

習慣が人生を変えた事例

▶その１

ある企業で働くサラリーマンのAさんは「毎日やることを1枚の紙に書き出して、そのタスクが全部終わるまで寝ない」という習慣を10年間もの間やり続けました

その結果、Aさんは自分の会社を設立し、自ら開発した事業を世界15カ国で展開する国際的なビジネスパーソンになりました

毎日やるべきことを書き出すうちに、Aさんの中で「自分が本当は何をやりたいのか」が明確になっていき、「そのためには何をしたらいいか」というアイデアもどんどん湧いてくるようになったのです

「仕事がうまくいかない」「なかなか勉強する気になれない」「ダイエットがうまくできない」など、人にはさまざまな悩みがあります。しかし、少しの習慣を身につけるだけで、それらは改善可能です。習慣を作る力があれば、どんな悩みや問題にも対応できます。**たった1つの習慣**を作ることが、人生に想像以上の劇的な変化を生み出してくれるのです。

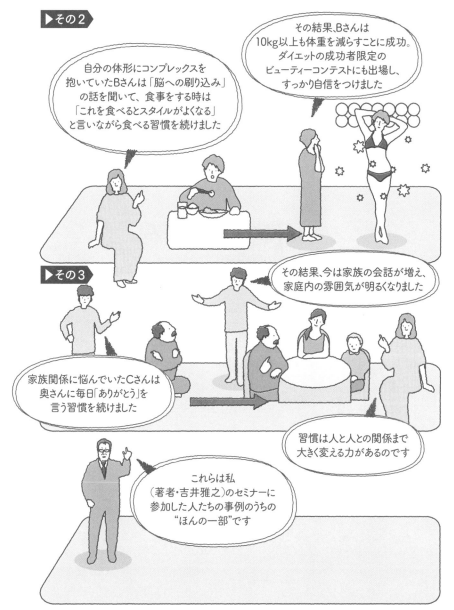

▶その2

自分の体形にコンプレックスを抱いていたBさんは「脳への刷り込み」の話を聞いて、食事をする時は「これを食べるとスタイルがよくなる」と言いながら食べる習慣を続けました

その結果、Bさんは10kg以上も体重を減らすことに成功。ダイエットの成功者限定のビューティーコンテストにも出場し、すっかり自信をつけました

▶その3

その結果、今は家族の会話が増え、家庭内の雰囲気が明るくなりました

家族関係に悩んでいたCさんは奥さんに毎日「ありがとう」を言う習慣を続けました

習慣は人と人との関係まで大きく変える力があるのです

これらは私（著者・吉井雅之）のセミナーに参加した人たちの事例のうちの"ほんの一部"です

07 習慣で「運がいい自分」を作り上げる

「運が悪い」のは自分のせいと考えましょう。「運がいい自分」は、自分で作り上げるものだからです。

私たちは、よい習慣を続けることも、悪い習慣をやめることもできます。すべては自分がどう思考し、行動するかにかかっているのです。これまでは思いどおりにいかないことがあると「自分のせいじゃない」「運が悪かったのだ」と思いたくなったかもしれません。しかし、その結果を引き寄せたのは、他でもない自分自身の習慣なのです。

習慣を身につけるまでのステップ

② 「なりたい自分」を具体的に思い描く（▶p24）

将来は経営者！

① 「自分の本性」を知る（▶p22）

今の自分…

1st STAGE

3rd STAGE

まずは「今の自分」と「なりたい自分」との間にギャップがあるという事実と向き合いましょう

「理想の自分」を手に入れた時、それを誰が喜んでくれるかを想像すると効果的です

脳にどんな情報がインプットされても、言葉や動作などのアウトプットをプラスに変えることはできます。プラスの出力をする人は、周囲の人たちにプラスの入力をすることになるので、その人がいる場所はいつも明るく前向きな雰囲気になります。だから、ものごとがうまくいくのです。「運がいい」と思われている人たちは、実は習慣によって「**運がいい自分**」を作り上げているのです。

08 イチロー選手に学ぶ習慣術

このChapterの最後に、日米のプロ野球界で歴史に残る活躍をしたイチロー選手の「習慣術」を学びましょう。

日米双方のプロ野球界で大活躍したイチロー選手には、こんな名言があります。「要するに"準備"というのは、言い訳の材料となり得るものを排除していく、そのために考え得るすべてのことをこなしていく、ということですね」。イチロー選手は、毎日のすべての行動が確立されていて、その習慣を長年、寸分の狂いもなくやり続けてきたそうです。だからプレーが安定していたのです。

完璧な準備が自信をもたらす

イチロー選手の名言

ハイレベルのスピードでプレイするために、僕は絶えず体と心の準備はしています。自分にとって一番大切なことは、試合前に完璧な準備をすることです。

「やるべき準備は全部やった」と自分に言い聞かせることができれば、どんな結果でも自分で納得できます

自分で納得できるから正しい分析ができ、足りないものがわかり、間違いなく次につながるのです

現役時代のイチロー選手は、試合前のストレッチを誰よりも入念に行い、試合が終わって自宅に戻ったら食事前のトレーニングを、夕食後にまたトレーニングを行い、その後、2時間のマッサージを受けるという習慣を繰り返していたそうです。こうした**日々のルーティン**をおろそかにしない姿勢が、あれだけの世界的名選手となった理由なのでしょう。

習慣が「強い脳」を作る

イチロー選手ほど徹底するのは、
我々にとっては難しいでしょう。
しかし、オフタイムをただの
リフレッシュにあてるのではなく、
自ら定めた準備を繰り返し、
実行してみる時間にあてることは
できるはずです

自分の中での決めごとを
習慣化させることで脳と体が連動し、
条件反射の機能が働き、日々の結果に
左右されない強い脳を作り上げるのです

POINT
「誰にでもできること」を
「誰にもできないくらいに
続けてみる」

← これ重要

その習慣形成が
次の仕事までの時間を
充実したものへと
進化させてくれるはずです

Chapter 02

「自分を見つめる」ことから始めよう

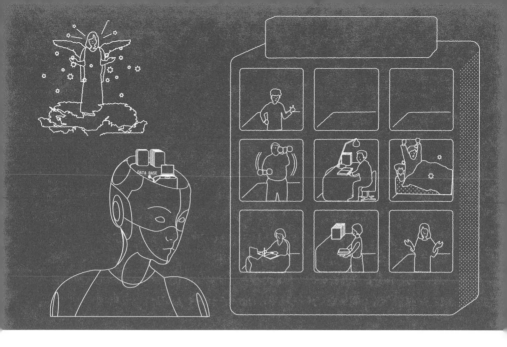

今の自分を知った時点で、
その人は習慣化に半分成功したようなもの。
自分を信じて、チャレンジしましょう

「なりたい自分」になるためには、まずは「今の自分」を知る必要があります。そのためには、今の自分と"向き合う"必要があります。ありのままの自分と向き合うことで、「なりたい自分」の姿を明確に思い描けるようになります。

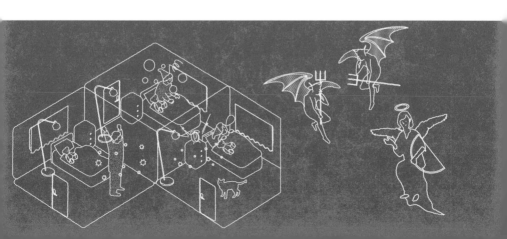

01 「なりたい自分」を明確にする

習慣を継続するためには、過去の記憶にとらわれず、右脳で将来のイメージをしっかり描く必要があります。

習慣化の最大の敵は挫折です。だからこそ、挫折しないための工夫や仕掛けが大切です。挫折しないための秘訣の１つが「**なりたい自分を明確にする**」です。たとえばダイエットを習慣にしたいのなら、単純に「痩せたい」ではなく、「痩せてどんな自分になりたいのか」をできるだけ具体的にイメージしましょう。目標を達成した時の**明確なイメージ**があれば、それがやる気につながります。

「なりたい自分」を具体的にイメージする

もし英語学習を習慣にしたいのなら、単に「英語がしゃべれるようになりたい」ではなく、「語学力をつけてどんな自分になりたいのか」をなるべく具体的にイメージしましょう

目標を達成した時の明確なイメージがあれば、それがやる気につながります

外資系企業でバリバリ働きたい

ゆくゆくは海外で起業したい

海外での一人旅を満喫したい

ワクワクするような明確なイメージを描くことで毎日が楽しくなっていき、挫折しにくくなるのです

人間の脳は生まれてから今までのすべての記憶を持っています。その中でも、特にマイナスな感情を伴った記憶を強く覚えているため、何かを習慣化しようとしても「続かなかったダメな自分」を思い出し、「今度もどうせ無理だ」と足を引っ張るのです。それに対抗するには、右脳で将来のイメージをしっかりと描くしかありません。

「なりたい自分」とは、すなわち「願望」

「自分は絶対こうなりたい！」と目標を強くイメージすることで、過去の「失敗や挫折の記憶」に引きずられず、未来の自分を信じる力が生まれます

願望が大きいほど、辛抱する力も大きくなります

願望の量＝辛抱の量

なりたい自分を思い描く時は、自分の「理想の姿」を大胆に思い描くことが大事です

海○王におれはなる!!!

「今の自分はこんな状況だから、変われたとしてもこの程度だろう」などと夢に制限をかけるのはNG！なりたい自分を明確にして、できるだけ願望を大きく膨らませることが挫折しないための秘訣です

41

02 今の自分となりたい自分のギャップを知る

「なりたい自分」という目標を達成するためには、まずは「今の自分＝現在地」を知る必要があります。

「なりたい自分」を明確にすることと併せて、もう1つセットでやるべきことがあります。それが「**今の自分＝現在地**」を知ることです。自分が今どのような状態で、どんな弱点や足りないところがあるのかを知らなければ、目標達成に向けて何をどう努力すればいいのかがわかりません。現在地を知ることは、「正しい努力とは何か」を知ることでもあるのです。また、現在地を正確に知ることで、自分の"**本性**"（▶p22）を垣間見ることができます。

現在地を知る方法①…他人に聞く

現在地を知った結果、「自分はこんな人間だったのか」と落ち込んでしまう人もいるかもしれません。でも、そんな必要はありません。なぜなら今の自分を知った時点で、あなたは自己改善に半分成功したようなものだからです。現在地を知らずに、根性や情熱だけでがむしゃらに前に進んだとしても目的地に着くことは不可能です。「なりたい自分＝目的地」を明確にし、「今の自分＝現在地」を知った人は、正しい努力をして着実にゴールへたどり着くことができます。

現在地を知る方法②…自分の棚卸しをする

❶自分の好きなところ
❷過去に他人から
　ほめられたこと
❸特技
❹生きる上で
　大事にしていること

まずは、あなたが思う
自分の好ましい点を
書き出してみましょう

次に、あなたが思う
自分自身の好ましくない点を
書き出しましょう

❶自分の嫌なところ
❷直したいところ
❸悪いクセ
❹周囲からよく
　指摘されること

これらをできるだけ
たくさん書き出してみると、
「今の自分＝現在地」が
見えてきます

このようにはっきりと
言語化することで、
冷静に自分の"本性"を
見つめ直すことが
できるようになります

習慣形成のためには、
「目的地」と「現在地」を
セットで設定することが
不可欠です

「何のため」「誰のため」かを考える

03

目的を持って習慣に取り組むと続けやすくなります。それが「誰かのため」だと、さらに何倍も頑張ることができます。

目的がないものは決して長続きしません。習慣を続けたいなら、「何のために？」を自分に問いかけてみることが必要です。別に「社会に貢献しよう」といった大層な目的でなくても構いません。まずは **「自分の欲求を満たすため」** でもまったく問題ありません。そして、そのあなたの自我の欲求のために全身全霊で目の前のことに挑んでいくうちに、やがて目的は変化していくはずです。

最初は「自分の欲求を満たすため」でもいい

最初は「自分の欲求」でも構いません。ただし、全身全霊で目の前のことに打ち込みましょう

社長になりたい

お金持ちになりたい

大豪邸に住みたい

「○○のために」が習慣を継続する大きな原動力になります

とはいえ、高い目標を目指す時や難しいことをやり遂げる時は、「自分のため」だけでは続きません。目的が**「誰かのため」**なら、人間はさらに何倍も頑張れるようになります。もし、「自分のため」の目的しか見つからないという人がいたら、**視座を上げる**努力をしてみましょう。視座を上げるには、「私は○○です」と書き出してみることをおすすめします。それが、「自分の周囲にいる人たちのためにできることはないか？」と考えるきっかけになるはずです。

「視座を上げる」とは？

高いところから世界を見たほうが広い範囲を見渡せるように、視座を上げることでより広い世界が見えるようになります

世界

日本

自分

業界・地域

家族

会社・学校

視座を上げるには「私は○○です」と書き出してみるのもおすすめです

自分が特定のグループに属していることを認識すれば、今いる場所のために何かしたいという気持ちが芽生えます

☑ 私は男です
☑ 私は父親です
☑ 私は日本人です
☑ 私は○○商事の社員です
☑ 私は東京都民です

20個以上を目標に思いつく限り書き出してください

04 「言い訳リスト」で 自分と向き合う

習慣化を邪魔する"悪魔のささやき"。しかし、この"悪魔のささやき"と向き合うことは、決してムダにはなりません。

習慣を始めて2週間ほど経って、「そろそろ習慣化できてきたかな?」と思い始めたころに、「こんなことをして何になるの?」「仕事が忙しいし、休んだほうがいいのでは?」といった疑問が頭をよぎるはずです。過去の習慣の積み重ねで作り上げられた自分の本性が、"**悪魔のささやき**"となってあなたを試してくるのです。でも、この"悪魔のささやき"と向き合うことは、決してムダにはなりません。この"ささやき"に耳を傾けることで、自分が今までどのように生きてきたのかがわかるからです。

"悪魔のささやき"は自分の本性を知るチャンス

"悪魔のささやき" と同様に、習慣が挫折するきっかけとなるのが「**言い訳**」です。「今日は寒いからランニングはやめよう」などと言い訳して、習慣をやめてしまう人は多いはず。とはいえ、人間なら誰しも、つい言い訳したくなるものです。だから、「言い訳するな」とは言いません。その代わりに「**言い訳リスト**」を作りましょう。このリストを作ると、毎日、自分の言い訳を意識するようになり、挫折のもととなる「言い訳」は確実に減っていきます。

「言い訳リスト」で言い訳を減らす

言い訳をすべて紙に書き出して、意識的に減らしていこう

❶言い訳を書き出す
自分がつい口に出してしまう言い訳や、これまでの人生でしてきた言い訳を思い出して、すべて紙に書き出しましょう

貼り出す場所は、自分の部屋でも、オフィスのデスクでも、手帳でも、ふだん自分の目につくところならどこでも構いません

❷リストを貼り出す
言い訳をすべて紙に書き出したら、目につく場所にこのリストを貼り出しましょう

❸毎日チェックする
言い訳リストを1日に何度もチェックすることで、「今日もこの言い訳をしてしまった」「明日はこの言い訳はしないぞ」と強く意識することができます

言い訳をゼロにするのは至難の業です。しかし、こうして常に意識することで、言い訳ばかりの人生から脱出することができます

この言い訳はもうしない！

❹線を引いて消していく
毎日のチェックを繰り返す中で「もう、この言い訳は口にしない」と思えるものがあったら、1つ1つ線を引いて消していきましょう

47

05 人が人生を終える時に 後悔する20の項目

人生を後悔しないためには、自分を信じてチャレンジし続けることが何よりも大切です。

過去にアメリカで、80歳以上の人を対象として「あなたが**人生でもっとも後悔していること**は何ですか?」というアンケート調査が行われました。その結果、70%以上の人がまったく同じ回答をしたそうです。その回答とは「チャレンジしなかったこと」でした。後悔しないためには、「自分はできる!」と信じて、チャレンジし続けるしかありません。

人が人生を終える時に後悔する20の項目

①他人がどう思うか、気にしなければよかった

②幸せをもっとかみ締めて生きるべきだった

③もっと他人のために尽くせばよかった

④くよくよと悩まなければよかった

⑤家族ともっと時間を過ごせばよかった

⑥もっと人に優しい言葉をかけていればよかった

⑦あんなに不安を抱えながら生きるべきではなかった

⑧もっと時間があれば…

この本を読んでくださっている人たちのほとんどは、まだ80歳以上ではないと思いますが、誰しも、いつかは死を迎える時が来ます。その時に「何も後悔はありません」と言える人生を歩みたいものです。人生は「勇気の投資」をした瞬間から大きく変わり始めます。あなたもあなたの手で、あなたの人生を変えていきましょう。

⑨もっと思い切って
冒険すればよかった

⑩自分を大切に
すればよかった

⑪他人の言うことよりも
自分の直感を信じればよかった

⑫もっと旅をすればよかった

⑬もっとたくさん
恋愛をすればよかった

⑭もっと一瞬一秒を
大事に過ごせばよかった

⑮子どもたちに好きなことを
させてやればよかった

⑯言い争いなど
しなければよかった

⑰もっと自分の情熱に
従うべきだった

⑱もっと自分のために
頑張ればよかった

⑲もっと自分の本音を
言うべきだった

⑳もっと目標を
達成すればよかった

Chapter 03

実践！
誰にでもすぐできる
「習慣形成術」

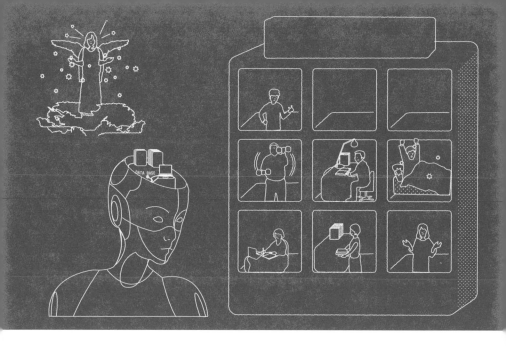

いよいよ実践です。とはいえ、何も難しいことはありません。「誰にでもできること」を「まずやってみる」だけでOKです。ポイントは、「続かなくても自分を責めない」こと。挫折も含めて、すべてはよい経験となります。

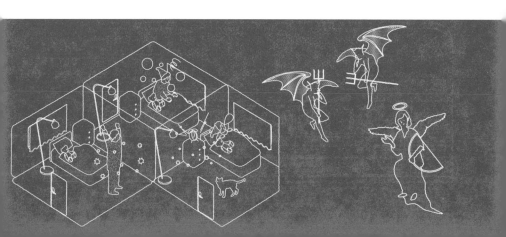

01 「誰にでもできる」ことから始める

人生を変えたいと思ったら、まずは日常のささいな習慣の積み重ねから始めましょう。

習慣によって人生を変えたい。そう思うなら、まずは「**小さな習慣**」から始めましょう。自分を変えたいからといって、いきなり大きなことをやろうとしてはいけません。人生を変えるのは一発逆転の出来事ではなく、日常のささいな習慣の積み重ねだからです。それがあなたの本性となり、あなたという人間そのものを変えてくれます。

「小さな習慣」の例

まずはこのような小さな習慣から始めましょう

オハヨウゴザイマス

早起きする

日記をつける

脱いだ靴を揃える

職場の人に自分から挨拶する

通勤時間に本を読む

ポイントは「誰にでもできることを、誰にもできないくらい続けること」です

ここで重要なのは、「何を続けるか」より「自分で決めた約束を守ることができた」という実績を作ることです。私たち人間の脳は感情を過去のデータに支配されています。だから何か1つでも続けられたという記憶が残れば、別のことをやろうとした時も「自分はできる!」とワクワクしたり、楽しんだりできるようになります。1つ1つはささいなことでも、続けることでとてつもなく大きな力になるのです。そして気づくと、人生が大きく変わっています。その入り口となるのが「小さな習慣」なのです。

ある組織の事例

経営者のAさんは毎朝会社のトイレ掃除をするという小さな習慣を続けました

やがて、他の社員たちもオフィス掃除に参加するようになりました

Aさんは、最初は社員たちに声をかけたものの、誰もやりたがらなかったそうです

1 掃除しよう

スミマセン 多忙で…

…1年後

4 今日から 僕もやります

だったら社長の自分が率先してやろう!

2

それからは、朝の6時に出社し、1時間近くかけて会社中のトイレを掃除しました

みんな見ていないふりをして実は見ていたんだ…

5 私も 僕も

1年以上も毎日欠かさず社長がトイレ掃除をしているのを見て、Aさんの本気度が伝わり、社員たちの行動まで変えてしまったのです

3

磨けば磨くほどきれいになる!意外と楽しいかも

6

社員全員で掃除をする習慣は会社全体の一体感を高め、業務も円滑に回るようになりました

02 「まずはやってみる」ことに価値がある

軽い気持ちでもいいので「まずはやってみる」ことで、「自分の本性＝今まで培ってきた自分の癖」を知ることができます。

たとえ「小さな習慣」でも、最初から「必ず続けるぞ！」と自分にプレッシャーをかけてしまうと、かえって続かなくなります。それは脳が「続けることはつらくて苦しいもの」という過去の記憶を蓄積しているからです。ですから、何かを「続ける」のではなく、「始める」と考えるようにしましょう。この考え方なら、「とりあえずやってみる」という気持ちでスタートできます。

何かを「続ける」のではなく「始める」と考える

そもそも「小さな習慣」は、続ける以前に「まずはやってみること」に価値があります。どんなにささいなことでもいいので、自分との約束を決めてやってみると、今まで気づかなかった自分の"本性"に出合えます。最初の1週間は続いたけれど8日目には適当になってしまう自分がいるかもしれませんし、初日から挫折する自分がいるかもしれません。いずれにせよ、"まずはやってみる"ことで、過去の自分がどのような姿勢でものごとに取り組んできたのかを知ることができるはずです。

「まずはやってみる」ことで過去の自分と向き合う

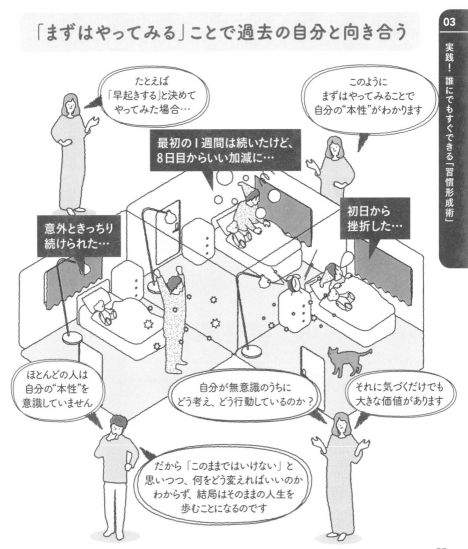

03 「しなければならない」は挫折のもと

習慣を楽しく続けるためには、「やりたい」という感情やワクワクする気持ちに素直になりましょう。

習慣化で挫折したくないなら、ぜひ「**やりたい**」か「**やりたくない**」かの感情を大切にしてください。「やりたい」と思えることなら、脳がワクワクを感じて楽しく続けられます。「やりたくない」と思うことなら、脳が嫌がって回避しようとします。だから自分の「好き嫌い」の感情に素直になって、やりたいと思うことを続ければいいのです。

「しなければ」という言葉は使わない

ダイエットしなければ

ランニングしなければ

勉強をしなければ

「〜しなければ」という言葉を口から発した瞬間、脳にはマイナス感情のイメージが伝わり義務感やプレッシャーを生み出します

その結果、ワクワク感がどこかに吹っ飛んでしまうことに…

あなたがやるべきことは正しいことを楽しむ努力（▶p29）です。これは常に意識しておきましょう

私たちは知らず知らずのうちに「**〜しなければならない**」という思考にとらわれています。しかし、これこそが挫折のもとです。「〜しなければならない」と思うほど人間はストレスを感じ、無意識のうちにそれを発散しようとします。そしてストレスを回避するために脳が「欲を追求しろ」という信号を出します。すると「今日ぐらいはいいや」となってしまうのです。習慣を続けるには、「これをやりたい」というワクワクできる夢を大事にしてください。

ワクワクできる夢を大事にしよう

このように「やりたい」と思えることにフォーカスすれば、脳はその目標に近づくための行動を取ります

ダイエットしたら憧れのブランドのワンピースが着たい

ダイエットしたらビキニを着て海やプールに行きたい！

「〜しなければ」と言ってしまいそうになった時は、右のように言い換えるといいでしょう

つまり、「なりたい自分」を明確にすれば（▶p40）、「甘いものをやめなければ」とわざわざ考えなくても、ダイエットの邪魔になる行動は自然と避けるようになります

〜しなければ
↓
〜したかったんだ
〜するよ
任せておいて

まずは自分自身使う言葉を「〜したかったんだ」にして、脳が「未来は楽しそう」と思う癖をつけましょう

04 「完璧」を目指してはいけない

私たち人間は基本的に弱い生き物です。そのため、最初から「完璧」を求めてしまうと挫折の原因となります。

習慣形成を挫折させる大きな原因の1つが、「完璧を目指す」ことです。習慣化したいなら、**とにかくハードルを下げましょう**。私たち人間は基本的に弱い生き物です。だから、どうしてもやる気が出ない時や眠くて仕方ない時もあります。そんな時は「腹筋1回でもOK」「問題を1問解いたからOK」と考えることで、「自分は続けられた」という**自己肯定感**が生まれます。「何を続けるか」より、まずは「何かを続けることができた」という実績を作りましょう。

とにかくハードルを下げる

習慣化を楽しむ工夫の１つが「**ゲーム感覚でやる**」ことです。「決めたことをやる」と考えるのではなく、「ゲームをクリアする」と考えてみると続けるのが楽しくなります。たとえば「毎日8000歩を歩く」と決めた場合、１日の終わりに万歩計を見ると、ゲームをクリアするのと同じような達成感が味わえます。さらにカレンダーに印をつけるなど達成度を可視化すると、自分がレベルアップしたような気分も味わえます。このように、習慣化を「ゲームとして考える」とモチベーションも上がります。

「ゲーム感覚」でモチベーションアップ

▶たとえば「毎日8000歩を歩く」と決めた場合…

おっ
今日は目標より
2000歩近くも
多く歩いてる！

万歩計で数値化される
と達成度が目に見えるた
めやる気もアップします

年間カレンダーに印をつけるなどし
てどれだけの日数達成できたのかを
可視化すると、さらに長期的なモチ
ベーションアップにつながります

August, 2021

September, 2021

October, 2021

100日目には「100」、500日目
には「500」などと達成した日
数分の数字をカレンダーに書き
込んでもよいでしょう

05 続けられる「しくみ」を作る

習慣を継続するためには、自然と決めたことをやってしまうような「しくみ」作りが効果的です。

習慣を継続する上で重要なのが、**「しくみ」**を作ることです。習慣形成には「これをやるぞ！」という熱い思いも大切ですが、意志の強さや根性だけでは長続きしません。しかし、<u>自然とそれをやってしまうようなしくみを作れば、無理なく習慣化できます</u>。その方法の１つが、**他人を巻き込む**こと。誰かに「これをやる」と宣言したり、他人に対する行動を習慣にしたりすれば、続けないわけにはいかなくなります。

他人を巻き込む

明日から毎朝
5時に起きます！

①誰かに宣言する

これから100日間
毎日あなたに
手紙を書きます

１人で黙々と続けるのは
難しくても、他人との約束や
リアクションがあれば
それが継続につながります

ニャー

②他人に対する行動を習慣にする

もう１つの方法は、**時間と場所を決める**ことです。「毎日やる」と決めただけでは、「今日は忙しくて時間がなかった」「うっかり忘れてしまった」ということになりかねません。でも「**いつ・どこで**」を決めれば、毎日の生活の中に確実にその行動が組み込まれます。まずはいろいろな場所やタイミングで試してみて、自分にとって最適な「しくみ」を見つけましょう。

「いつ・どこで」を決める

たとえば読書を習慣にする場合、さまざまなタイミングが考えられます

昼休みにランチを食べたあとで

起床後・自宅のデスクで

帰宅後・自宅のデスクで

寝る前にベッドの中で

人によって続けやすいシチュエーションはさまざまなので、まずはいろいろ試してみて、自分が一番続けやすい「いつ・どこで」を探しましょう

通勤電車の中で

06 「1個前の習慣」を意識する

「やる」と決めた習慣を継続するためには、その「1個前」の習慣を意識することが大切です。

習慣が続かない人には、ある共通点があります。それは **「1個前」の習慣** を意識していないことです。たとえば「朝5時に起きる」と決めたとしましょう。たいていの人はこれだけで早起きを続けようとしますが、実は大事なことを忘れています。それは「何時に寝るか」を決めることです。遅い時間まで夜更かししたり、飲み歩いたりしていたら、翌朝5時に起きられるはずがありません。

常に「1個前の習慣」を決めておく

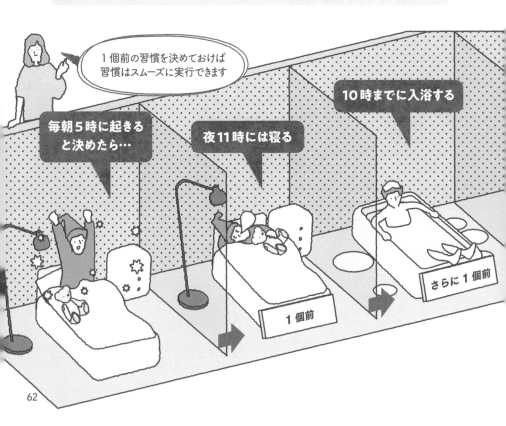

毎朝5時に起きると決めたなら、「夜は11時に寝る」などと寝る時間も決める必要があります。これが「1個前の習慣」です。朝のランニングを習慣にしたいなら、枕元にトレーニングウエアを用意してから寝る、通勤電車での英語学習を習慣にしたいなら、カバンの中にテキストを入れておくなど、1個前の習慣を決めれば、それに続く習慣もスムーズに実行できます。

07 「当たり前のこと」を丁寧にする

常に「丁寧な行動」を心がけることで、どんな行動をする時も無意識のうちに丁寧に振る舞うようになります。

いくらよい習慣と言われる行動でも、投げやりに行えば、その人の"本性"も投げやりなものになります。たとえば職場の人に挨拶する時は、相手の前でいったん止まり、相手の目を見てから「おはようございます」と挨拶するようにしましょう。このような**丁寧な行動**を積み重ねることで、あなたの人格や品性にも丁寧さがにじみ出るようになります。すると、他の行動をする時も、無意識のうちに丁寧に振る舞うようになります。

習慣の質を上げると、あなたのレベルも上がる

08 「やったこと」を記録する

習慣にまつわる毎日の出来事を記録することで、自分の成長が実感でき、毎日を振り返るのが楽しくなります。

習慣化を行う上で、達成感とともに重要なのが成長を実感することです。習慣形成においては、継続そのものが成長ともいえます。たとえば毎日「やったこと」を記録し、確認したり振り返ったりすると、**成長の実感**につながります。1日の終わりに日記を書くのも有効です。内容は何でもありでOKです。こうして記録をつけることで、数週間もすれば成長している自分に気づくことができるはずです。そこまでくれば、毎日を振り返るのが楽しくなってきます。

03

実践！誰にでもすぐできる「習慣形成術」

期限を区切るのも1つの方法

「ハードルを下げる」のと同様、「期限を区切る」のも習慣を続ける上で有効なテクニックの1つです。ただし、決めた期限はやりとおしましょう

これから3カ月やりとおす！

一度やると決めたら、一生やらないといけないのかな？ちょっと自信がないな…

たとえば「90日間やる」と決めて行うだけでも習慣化の効果は出ます。その期間中、日記をつけて振り返れば、確実に成長を実感できます

09

時には「形から入る」のも効果的

習慣化は「形から入る」ことでワクワク感が高まり、「接近反応」（▶p28）が強化される場合もあります。

「形から入る」と聞くと、やや軽薄な印象を覚える人もいるかもしれません。しかし習慣化を行う上では、時には形から入るのも効果的です。たとえば毎日ランニングをすると決めたら、お気に入りのウエアやシューズを揃えれば、「よし、やろう！」という気持ちになります。読書を趣味にするなら、高級なブックカバーを買えば、毎日本を手に取るのが楽しみになるかもしれません。

「形から入る」ことでワクワクを増やす

「形から入る」ことには、もう1つの効果があります。すでに習慣化のために"投資"してしまっているため、「**元を取らなくては**」という気持ちになるのです。ただし、あまりにその"投資"が高額すぎると、それがかえって心の重荷になる場合もあるので注意が必要です。イメージとしては、「プレッシャー」よりも「ワクワク」が勝る範囲内で、「形から入る」ための投資をするとよいでしょう。

「形から入る」5つの方法

❶お気に入りの道具を買う
ペンやノートなど、お気に入りの文房具を揃えればワクワクが増します

❺図書館や自習室に通う
他人に見られることで「やらなくては」というスイッチが入り、勉強に集中できるようになります

「形から入る」方法はものを買うことだけではありません

❷デスクの整理整頓
勉強前にデスクの上を整理整頓すると、適度に脳が刺激されてやる気がアップします

たとえば、勉強を習慣化したい場合は❷や❺のような方法も

❹セミナー・受験などに申し込む
有料セミナーに投資することで「元を取らなくては」という気持ちに。また、資格試験などの受験に申し込むと自分に適度なプレッシャーを与えられます

❸教材を買う
教材を買うなどして意識的に必要があることに接近（▶p30）するのも効果的です

10 続かなくても自分を責めない

習慣が続かなくてもがっかりする必要はありません。三日坊主の経験も、次の習慣化へのステップになるからです。

もし習慣が続かなかったとしても、自分を責める必要はありません。1つの習慣化に挫折したら、また次の習慣を設定すればいいだけです。それに「3日で挫折した」という経験は、それ自体が貴重なノウハウになります。それをもとに新たな習慣を始めて、それが続けば、前回の挫折は失敗にはなりません。挫折も含めて、すべてはよい経験となるのです。

「三日坊主」も貴重なノウハウ

三日坊主になったとしても、また同じ習慣を「やってみよう」と思うこともあります。もちろん、休むことなくずっと続けばベストですが、休み休みだったとしても、何もやらないよりは前進できます。それに3日間でも続いた実績があれば、「やればできる」という自信がつきます。三日坊主の経験は、自分の中に習慣化のスイッチを作ってくれるのです。だから三日坊主になることを恐れず、どんどん新しい習慣にチャレンジしましょう。

何度もやり直せば「失敗」にはならない

❶ 3日間続いた実績が自信になる

前回のダイエットは
3日で1kg痩せた

だったら1カ月続ければ
3kgは減らせるはず！

三日坊主になったとしても
少しでも実績があれば
「自分はやればできる」
という自信につながります

❷ 挫折したら次の習慣を始めればいい

自分に合って
いなかっただけ

次は別の習慣に
チャレンジしよう！

チャレンジさえ続けていれば
失敗はすべて「よい経験」になります

もし習慣が続かなかったとしても
「自分に合っていなかっただけ」
と考えましょう。他の習慣なら
続く可能性はいくらでもあります

11 時には「息抜き」や「ご褒美」も大切

繰り返しになりますが、習慣化に「完璧」「しなければならない」はNG。難しければためらわずにハードルを下げましょう。

時間がかかることを習慣化する場合は、「毎日必ずやる」ことが難しいこともあります。また、人間であれば誰しも、疲れている時や気分が落ち込んでしまう時もあります。そんな時はあまり無理せず、「1週間に1回は休んでもOK」「5日に1回は半分でもよい」などと、続けるのが難しい時を想定し、自分なりのルールを決めておくと、途中で挫折することが少なくなります。

自分を追い詰めず、続けることを優先する

ありきたりな方法ではありますが、モチベーション維持のためには**「自分へのご褒美」**も効果的です。続けられたら10日ごとにいつもより高いランチを食べてOK、などと期限で区切ってもいいですし、1回ごとにコーヒーを1杯飲むといった軽いご褒美でもよいでしょう。あるいは習慣をポイント化して、貯めれば貯めるほどご褒美も大きくなる、といった仕掛けも楽しいはずです。

ご褒美設定のコツ

Reward Apartment

習慣に対するご褒美は、まったく関係のないものよりも、それぞれの「習慣」に紐づいたもののほうがイメージしやすいため、モチベーションアップにつながります

ランニング・筋トレ
ご褒美▶ビール

英語学習
ご褒美▶海外旅行

早寝・早起き
ご褒美▶パジャマ・寝具

日記を書く
ご褒美▶文具

掃除・整理整頓
ご褒美▶家具・収納用品

逆転の発想で、ご褒美を先に決めてそれに合った習慣を始めるという方法も

12

「コツコツ続ける」のが一番の近道

習慣とは、すぐに結果が出るものではありません。それでも続ければ、あなたを確実に理想の自分に近づけてくれます。

習慣を続けた時間と、自分の成長度合いは、必ずしも一致しません。始めた当初はやってもやっても成長を実感できない時期が続くこともあります。あるいは、スタートから一定期間は手応えがあったのに、途中で成長が止まったように感じる時期もあります。そんな時 "悪魔のささやき"（▶p46）がやってきます。そこで本当にやめてしまえば、成長も完全に止まります。

「成功分岐点」まで自分の成長は実感できない

でも、「何のために」という目的が明確で、「自分がやり遂げることで、誰かを喜ばせたい」と思っている人なら、自分の成長を信じてやり遂げることができます。これが「**成功分岐点**」です。この分岐点を越えることができれば、理想の自分に近づいている、もしくは理想の自分になれたと感じる時が遠からずやってくるでしょう。「成功分岐点」が来るまで、習慣の持つ力を信じてコツコツと続けることが、成長への一番の近道なのです。

成功分岐点を乗り越えると
ある時、突然「自分は成長している！」
と実感できる瞬間が訪れます

気づかない間に
こんなに高くまで
来ていたのか…

そして、
一気に急カーブを描くように
成長を実感できるようになります

このまま続けても
意味がないかも…。
もうやめよう

成功分岐点

成功分岐点の瞬間までは自分の
成長を実感できない時期が続きます。
それでも努力を続けた人だけが、
理想の自分になれるのです

「決めて行動する」習慣を持つ

13

習慣化を始める際は、「大きなこと」をやろうとするよりも、「小さな成功体験」を積み重ねることのほうが大切です。

習慣化において意識しておきたいのは、**「質」ではなく「数」**ということです。習慣化を始めようという時は、ついつい「大きなこと」をやろうと思ったり、「完璧」を目指そうとしてしまったりしがちですが、それ以上に大切なのは成功体験です。この「自分との約束を守った」という成功体験の数が、「自分は決めることができて、行動すればできる人間だ」と思い込ませてくれるのです。

「決める力」が大きく人生を左右する

毎日決めた時間に起きる

1日1km以上ランニングする

帰宅したら玄関の靴を揃える

ふだんから「何気なく行動する」のではなく、「決めてから行動する」ことを意識しましょう

帰宅したら必ずゴミを3つ捨てる

大したことをする必要はありません。「決めた時間に起きる」「食べる量を決めてから食べる」など、ささいなことでも決めてから行動してみましょう。決めたことができると、その「できる」が脳の中に成功体験として記憶されていき、その積み重ねが、私たち人間を形成していきます。まずは**「決めて行動する、決める習慣を持つ」**ということを意識するようにしましょう。

毎日、日記をつける

食事は食べる量を
決めてから食べる

家族に毎日
「ありがとう」と言う

毎日決めた
時間に寝る

1日10分間
瞑想をする

寝る前に次の日の
計画を立てる

会社では
相手の目を見て
自分から挨拶する

通勤電車の
中で読書する

Chapter 04

習慣定着の秘訣は「脳」へのアプローチ

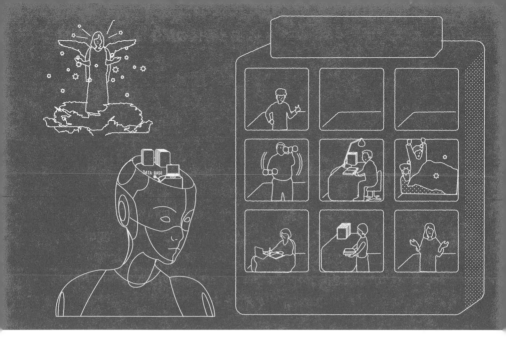

プラスの出力を繰り返すことで、どんな場面でも「自分はできる！」と思える脳へと変わっていきます

「脳」と「習慣」には、強い関係性があります。 つまり、「脳」への効果的なアプローチによって、 習慣化は容易になるということです。 そのためには、 思考や行動をプラスに変換して、あなたの 「脳」 そのものをプラスの方向へ導きましょう。

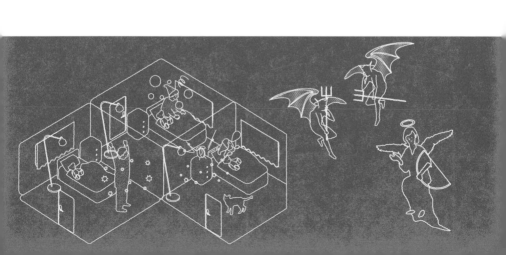

01 習慣は「4つの習慣の連続」で成り立っている

私たちの行動を支配している「脳の性質」を知っておくと、習慣化の成功率が高まります。

ここまで説明してきたとおり、「脳」と「習慣」には強い関係性があります。つまり、習慣化を成功させるためには、私たちの行動を支配している <u>**脳の性質**</u> を知ることが近道になるのです。この章では、脳と習慣の関係をさらに掘り下げ、挫折しない強力な習慣を作るノウハウを解説しますが、その前に、まずは「習慣」には種類があることを知っておく必要があります。

「習慣」を構成する4つの習慣

五感からの情報を知る、聞く、感じる、見る

インプットから得たイメージを言語に置き換える

これらの習慣を意識しなければ、行動習慣も長続きせず、挫折しやすくなります

営業トップになる

言語習慣
➡どう言語化するか

受信習慣
➡どうインプットするか

一般に「習慣」と呼ばれるものは、「**受信習慣**」「**言語習慣**」「**思考習慣**」「**行動習慣**」の４つの習慣の連続によって構成されています。多くの人が「習慣」と呼んでいるものは、４つのうちの「行動習慣」に該当します。でも実は、行動となって表れる前に、「どうインプットするか」「どう言語化するか」「どう考えるか」というプロセスを経ているのです。そのため、「行動習慣」を変えるには、その前に「受信習慣」「言語習慣」「思考習慣」を変える必要があります。

Chapter 03で紹介した「まずはやってみる（▶p54）」のように「行動習慣から変える」という方法もありますが、その場合も「受信習慣」「言語習慣」「思考習慣」は大きく関わってきます

思考を行動に移す

言語をもとに考える

行動習慣
➡どう行動するか

思考習慣
➡どう考えるか

思考習慣には、「確信習慣（確信できるか、できないか）」と「錯覚習慣（よい思い込みか、悪い思い込みか）」が含まれます

「錯覚習慣」の思い込みの力を利用し、「自分はできる！」という「確信習慣」を身につけることで、強力な「行動習慣」を身につけることができます

02 脳が結論を出すスピードはわずか0.5秒

私たちの脳は、情報の受信からわずか0.5秒で快か不快かの判断をしています。

前項で習慣は「受信」→「言語」→「思考」というプロセスをたどると説明しました。それでは「受信」から「思考」までは、どれぐらいの時間がかかるのでしょう。答えは、**わずか0.5秒**です。五感から得られた情報は0.1秒で「知性脳」と呼ばれる大脳新皮質に到達し、次に「感情脳」とも呼ばれる大脳辺縁系に届きます。感情脳は0.4秒で過去の記憶を検索し、インプットにどのような意味があるのかを判断します。そして受信から0.5秒後には、扁桃核が「快・不快」を判断します。

脳は0.5秒で結論を出す

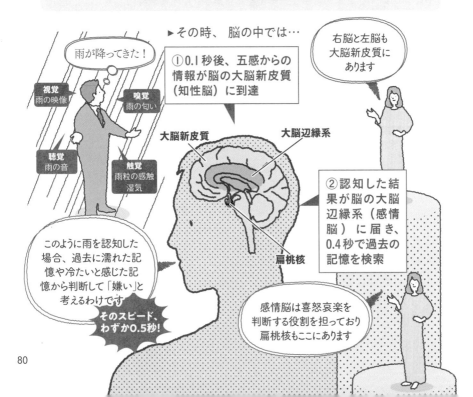

▶その時、脳の中では…

雨が降ってきた！

①0.1秒後、五感からの情報が脳の大脳新皮質（知性脳）に到達

右脳と左脳も大脳新皮質にあります

視覚 雨の映像
嗅覚 雨の匂い
聴覚 雨の音
触覚 雨粒の感触 湿気

大脳新皮質　　大脳辺縁系

②認知した結果が脳の大脳辺縁系（感情脳）に届き、0.4秒で過去の記憶を検索

扁桃核

このように雨を認知した場合、過去に濡れた記憶や冷たいと感じた記憶から判断して「嫌い」と考えるわけです

そのスピード、わずか0.5秒！

感情脳は喜怒哀楽を判断する役割を担っており扁桃核もここにあります

ここで大きな問題があります。それは、検索される過去の記憶には、プラスよりマイナスのデータが強く蓄積されているということです。そのため、扁桃核はほとんどの場合に「不快」と判断し、「できない」「無理だ」といったマイナス思考が生まれます。そのため何も意識せずにいると、私たちはマイナス思考を止めることができません。習慣が挫折しやすい原因は、無意識の状態になるとマイナスに考えるという脳のしくみにあるのです。

マイナス思考に陥るしくみ

マイナスの記録はプラスの記憶より圧倒的に強いので、脳が過去の記憶を検索すると、マイナスの記憶を大量に引っ張り出してしまいます

ツライ…
嫌だ…
逃げたい…
DATA BASE
無理だ…
できっこない…

DATA BASE

つまり、マイナス思考が完成するまでの時間はわずか0.5秒

脳の性質上、無意識に行動していると自然とマイナス思考に陥りやすくなってしまいます

03 脳は入力より出力を信じる

プラスの出力を心がけることで、マイナス思考に陥りやすい脳をプラスの方向へ「洗脳」することができます。

私たちはマイナス思考に陥りやすい脳を持っています。しかし、脳のもう1つの性質を利用すれば、思考やイメージをプラスに変換することができます。その性質とは、脳は「入力」より「出力」を信じるということです。つまり、「自分には無理」と思ったとしても、**はい、やってみます**と言ってしまうのです。そうすると、脳は入力より出力を信じるので、過去データから「やってみる」につながるプラスの記憶を探し出します。

脳は「入力」より「出力」を信じる

脳は「入力」と「出力」のサイクルで強化されるしくみになっている

たとえマイナスの情報が入力されても、出力の段階でプラスに切り替えれば、「出力→入力→出力」を繰り返しながら脳はプラスに強化されます

嘘でもいいのでプラスの出力を繰り返すことで、どんな場面でも「自分はできる！」「もっとやってみたい」と思える脳へと変わっていきます

マイナス入力

プラス入力

入力のあとに、それをどう出力するかまでが「受信習慣」です。まずは脳の入力と出力の関係を使って、受信習慣を変えることから始めましょう

はい、やってみます

プラス出力

「出力」を意識して脳をプラスに切り替えるためには、瞬時に出力することが大切です。前述のとおり、0.5秒経つと脳内でマイナス思考が完成してしまうからです。つまり、入力から0.2秒で「はい、やってみます」とプラスの出力をすれば、脳に過去の記憶を検索する暇を与えません。とはいえ、何も意識していないと、0.2秒で出力するのは難しいでしょう。そこでおすすめなのが「**決め言葉**」を作ることです。1日の中のさまざまな場面を想定して「どんな言葉を口に出すか」を決めて、実際に口に出すことで、脳をプラスの方向へ切り替えることができます。

あらかじめ、どんな言葉を口に出すか決めておけば、瞬時に出力できるようになります

はい、やってみます

上司に仕事を頼まれたら…

ポイントは「できます」ではなく、「やってみます」という言い方。「やってみる＝チャレンジする」という意味なので、できない場合も嘘をついたことにはなりません。できなければ上司や同僚などに協力を求めればいいだけです

朝起きたら…	今日も楽しみ
仕事を始める前に…	よし、やるぞ！
帰宅したら…	充実した1日だった
寝る前に…	早起きするぞ
ピンチの時は…	チャンス！
思いどおりにいかない時は…	ラッキー！
難しい仕事を頼まれた時は…	私の出番だ

このような感じで決め言葉リストを作るのもおすすめです

うっかりネガティブワードを口にしてしまった時は、すぐに「だからこそ」と続けましょう

それは難しいと思います。…だからこそ、私がやってみます！

04 言葉の変換で 脳にプラスの情報を導く

言葉の意味を換えて脳をだますことで、よい習慣を続けられたり、悪い習慣をやめられたりします。

もう1つ、「言語習慣」によって「受信習慣」を変える方法があります。それは、**言葉の意味を換える**ことです。たとえば、「運動」という言葉を入力すると、脳が過去の記憶から「運動はつらい」というデータを引き出し、「不快」と判断する人がいたとします。ならば、使う言葉を「運動」から「健康」に変えたらどうでしょう？　つまり、「今から運動する」ではなく、「今から健康になる」と口に出すのです。すると脳が「接近反応」（▶p28）を起こして、運動をやる気になります。

「接近反応」と「回避反応」の言い換え例

GOOD HABITS 「回避反応」⇨「接近反応」

今からランニングする
➡今から体力アップするぞ！

今から勉強する
➡今から向上しよう！

今から明日の計画を立てる
➡今から明日の楽しみを列挙する！

今からトイレ掃除をする
➡今から運気を呼び込む！

今から読書をする
➡今から知的な自分に近づく！

反対に「モンブラン」という言葉を入力すると、脳が過去の記憶から「モンブランはおいしい」というデータを導き出し、「モンブランは快」と判断する人がいたとします。もし、この人がダイエット中であれば、使う言葉を換えて「今から私はモンブランを食べる」ではなく「今から私は糖質と脂質の塊を食べる」と口に出せば、脳が「回避反応」（▶p28）を起こして甘いものを控えることができます。このように、言葉の意味を換えれば、脳は素直にだまされてくれます。

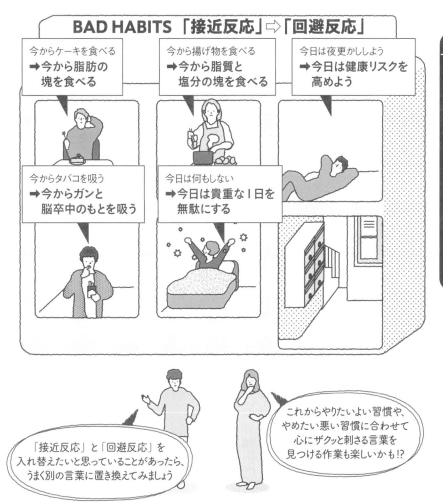

05 「ポーズ」や「表情」で脳をプラス思考に導く

言葉だけでなく、ポジティブな「ポーズ」や「表情」を意識的に心がけることでも、脳はプラス思考になります。

言葉だけでなく、動作や表情をプラスに変えることも、よい受信習慣を作ることにつながります。「決め言葉」と同じように、「**決めポーズ**」を作るのも効果的です。たとえばガッツポーズは、とてもよい決めポーズです。握りこぶしを作って力を入れると、自然と「やった！」「よし、やってみよう」という気持ちになります。何かあった時には「とにかくガッツポーズをする」と決めておけば、脳もその出力を信じてプラス思考が完成します。

マイナスの出力になるポーズと表情

「**表情**」も、プラスの出力をするように心がけましょう。やるべきことは簡単。常に口角を上げていればいいのです。「楽しい」「嬉しい」といったプラスの感情を抱いた時、人は自然と口角が上がって笑顔になります。だから楽しいことがなくても、意識して口角を上げれば、脳は「何かいいことがあったんだな」と思い込むのです。つらい時やつまらない時こそ、口角を上げて脳をプラス思考へ導く習慣をつけましょう。

「ポーズ」と「表情」で脳をプラス思考に

06

毎日の「よかったこと」を書き出す

毎日「３つの幸せ」を書き出すことで、脳にプラスの情報を入力することができます。

出力をプラスにする方法はまだあります。それは、毎日の中で感じた喜びや楽しさ、幸福感などを書き出すことです。書くことも「出力」なので、毎日続ければ出力強化のトレーニングになります。具体的には、１日を振り返って「**通勤途中の喜び**」「**職場の楽しさ**」「**家庭の幸せ**」の３つをノートに書き出してください。どんなに小さくてささやかなことでも構いません。

「喜び」「楽しさ」「幸福感」を毎日書き出そう

日常の中にある「よかったこと」に目を向けてみると、たとえばこんなことが書けるのではないでしょうか？

今日も幸せなことがたくさんあった…

家庭の幸せ
- ☑ 帰ったらお風呂が沸いていた
- ☑ 子どもが夏休みの宿題を終わらせていた
- ☑ 夕飯が自分の好物だった
- ☑ 子どもの寝顔がかわいかった
- ☑ 布団が干してあって気持ちよかった（翌日に追記）

このトレーニングを続けるメリットは、「この世に当たり前のことなど何1つない」と理解できることです。たとえば「バスが時間どおりに来るのは当たり前」と思っていた人も、「バスが時間どおりに来たのは、事故やトラブルがなかったからだ」と気づきます。つまり、これまで当たり前だと思っていたことが、実はどんなに幸せなことかを実感できるのです。そして、脳にプラスの情報が入力されます。ついマイナスの言動をしてしまう人も、「プラスの出力→プラスの入力」のサイクルを継続することで、受信習慣を変えることができます。

通勤途中の喜び
- ☑ 電車が時間どおりに来てくれた
- ☑ 駅のホームが清潔に掃除されていた
- ☑ 会社まで歩く途中にきれいな花が咲いていた
- ☑ 電車の中で席を譲る若者を見た
- ☑ 駅のホームから見た夕日がきれいだった

職場の楽しさ
- ☑ 今日もチーム全員が元気に出社してくれた
- ☑ 出張土産を持って行ったら、みんなに喜ばれた
- ☑ 誰かが自分のデスクをきれいに拭いてくれた
- ☑ お客様から感謝の手紙をいただいた
- ☑ 久しぶりに同期の田中君と談笑できた

日常の中の「よかったこと」に目を向けてみると、「今日は何もいいことがなかった」と思う日でも、改めて振り返ると喜びや幸せがたくさんあったことに気づくはずです

これを毎日書き続けているとどんなことにもプラスの面を見いだす力が磨かれます

07 その日のうちに 脳をスッキリさせる

1日の終わりに、その日の感情をいったん清算することで、翌日もポジティブな脳を保てるようになります。

プラスの出力を心がけていても「今日はやる気がしない」という日もあるでしょう。人間ですから、それは仕方ありません。大切なのは、それを次の日に持ち越さないことです。そこでおすすめしたいのが「**クリアリング**」です。これは名前のとおり、その日の感情をいったんクリアにするためのもの。このクリアリングは必ず寝る前に行いましょう。なぜなら、就寝前の10分間は脳のゴールデンタイムだからです。

クリアリングは就寝前の10分間に

やることはとてもシンプルです。寝る前に、**①今日のよかった点、②今日の改善すべき点、③翌日の対策と決意**の３つを書き出すだけです。受信習慣を変えるには、「反省」ではなく「分析」が必要です。ポイントは、マイナスの感情の時ほど「よかった点」をたくさん書き、プラスの感情の時ほど「改善すべき点」をたくさん書くこと。プラスの出力を繰り返すうちに、受信習慣が変わっていくのを実感できます。

「クリアリング」の方法

❶「今日のよかった点」を書き出す

POINT
マイナスの時ほど「よかった点」をたくさん書く

たとえば、会社員であれば「大事な業務でミスをしてしまった」という日こそ、よかった点を多く探しましょう。意識してよかった点を探さない限り、ミスをしたという過去の記憶（マイナスの意識）にとらわれたままになってしまうからです

❷「今日の改善すべき点」を書き出す

POINT
プラスの時ほど「改善すべき点」をたくさん書く

「ミスの原因はチェックの不徹底だった」「データの提示については、類似する他業種のものも調べることで、さらに説得力を持たせることができたはず」などと改善すべき点を明確にしましょう

❸「翌日の対策と決意」を書き出す

POINT
対策と決意は、「〜したい」ではなく「〜する」と断定形で書く

断定形で書くことで、やるべきことが明確になり、やることに対する決意ができます。「明日はチェックリストを見直して、作業の精度を上げる」などと対策や決意を書き出すことで、翌日は前向きに行動できます

08 ワクワクするような 未来を思い描く

習慣を継続させるためには、脳がワクワクするような思考習慣を作ることも効果的です。

習慣が続くか続かないかは、脳が判断する「好き嫌い」で決まります。だったら、脳がワクワクする思考習慣を作ってしまいましょう。人間の脳は、放っておくと過去のマイナスの記憶を検索して「できるはずがない」と自分の限界を決めてしまい、次のステップである行動習慣にブレーキをかけてしまいます。でも、ワクワクするような未来をイメージできれば、脳のブレーキは外れます。

「自分の未来」を具体的に思い描く方法

もしあなたが今、夢が見つかっていないならイメージトレーニングをしてみてください。トレーニングといっても、難しいものではありません。以下のイラストのような手順で、**自分の未来を思い描く**だけです。ポイントは「〜かも」から入ること。最初から「絶対にやってみたい」「自分ならできる」と思えなくても構いません。「やってみたいかも」「こんなことができたらすごいかも」とイメージするところから始めれば、それほど難しくないはずです。

最初は「〜かも」から始めて、④の段階に来たら「できて当然」という強いイメージに切り替えるよう意識してください

❺理想の自分になって喜んでいる自分を強くイメージする

❸誰かを喜ばせている様子をイメージする

❹理想の自分に到達するまでの問題点をイメージする

起業してやりがいも収入も増えたし、家族と過ごす時間も増えて本当に嬉しい！

起業したら、妻が「収入が増えた上に、残業や休日出勤が減ったので子どもも嬉しそう」と喜んでくれるだろう

起業するためには、今の事業アイデアにマッチした人脈づくりが必要だけど、自分なら必ずできる

理想の自分になるために、クリアすべき課題や問題点をイメージしましょう

この段階では「理想の自分になれたらいいな」ではなく「理想の自分になった」という前提で、喜んでいる自分を強くイメージしましょう

理想の自分になったら、誰がどんなふうに喜んでくれるかを想像しましょう

せっかくなら言語習慣も組み合わせて「私は1年後、起業して独立しています」と口に出して言い切ってみましょう。脳は素直なので、その言葉を信じて、その夢を叶えるために行動するようになります

未来を視覚化し、イメージを具体化する

09

未来の年表や日記などを書いて目標を可視化することでも、習慣力を強化することができます。

「未来のワクワク」をさらに高めるには、未来の自分の姿を紙に書き出してみるのも効果的です。未来を紙に書き出して視覚化し、夢を実現する自分の姿を具体的にイメージするのです。「未来年表」の作成は、その方法の1つです。「こうなれたらいいな」と思うことを書き出し、未来から現在まで年代別に並べます。未来の自分がどうなっていくかを年代順に書き出して視覚化すると、イメージはより強固になります。

「未来年表」の作り方

▼「未来年表」の例
2030年	洋菓子店を開業
2027年	本場のパティスリーで修業するためフランスへ留学
2025年	憧れの有名洋菓子店に転職する
2024年	フランス語の学校に通い始める
2023年	今働いている店でプルミエ・コミに昇進

「こうなれたらいいな」と思うことを書き出し、未来から現在まで年代順に書き出してみましょう

「未来年表」を作ることで、自分の未来を具体的に思い描けるようになり、「この夢は本当に叶う」と信じられるようになります

理想の自分になれた日のことをイメージして、その日の日記を書くという「未来日記」もおすすめです。1年後にキャリアアップ転職を目指している人なら、転職先で活躍していることを想像して、どんなことが起こるかを詳細に書き出すのです。そしてその日記は、自宅に貼り出すなり、持ち歩くなりして、常に自分の目に入るようにします。それを見るたびに転職に成功した自分が強くイメージされるので、「自分ならできる」と信じることができるようになります。

「未来日記」に書くこと

たとえば、大手広告代理店への転職を目指しているなら…

▼ 「未来日記」の例
今日、今の会社に転職して丸1年が経った。
入ったばかりのころは、前の職場とは雰囲気や仕事の進め方がずいぶん違って戸惑ったこともあったけれど、今となっては、こっちのほうが自分に合っていると思う。
今日は、前々から担当したいと上司に訴えていた〇〇社を担当することが決まった。
念願が叶って本当に嬉しい。
たしかに難しいクライアントかもしれないけど、昔から企業広告の評価が高い会社なのでやりがいは十分！
絶対に話題になる広告を作るぞ。
明日からの仕事が楽しみ！！

自分の未来を視覚化して、イメージを脳に焼きつける！これが「未来のワクワク」を高める秘訣です

このように、まるで転職先でいいことがあった日の夜に書くような文章を、転職前に書いてしまいましょう

10 未来をイメージ できない時の対処法

「どうしても夢が思いつかない」という人は、「憧れの人」や「過去のワクワク」を思い出してみましょう。

ここまで、未来の夢をイメージしてワクワクを高める方法を紹介してきましたが、「どうしても夢が思いつかない」という人もいるかもしれません。そんな時は「**憧れの人**」を見つけましょう。「自分はこうなりたい」というイメージが浮かばないなら、「あの人みたいになりたい」という憧れから入るのです。その憧れが、未来の自分をイメージする手助けをしてくれます。

対処法① 「憧れの人」を見つける

ワクワク探しのきっかけは、他にもあります。「**過去のワクワク**」を思い出してみることです。未来にワクワクできない人でも、過去に思い描いていた夢や、子どものころに好きだったことや楽しかった経験があるはずです。それを思いつく限り紙に書き出してみてください。そして自分に「もし過去のワクワクしていた時の自分が今の自分に会ったら、何て言ってくれると思う？」と問いかけてみてください。

対処法②　「過去のワクワク」を思い出す

11 未来の夢を語れる友人を持つ

自分の夢を肯定してくれる友人を大切にしましょう。そうでない友人とのつき合いは、習慣化の邪魔になるかも……。

もう1つ、「未来のワクワク」を強化する方法があります。それは、夢を肯定的に語り合える友人を持つことです。自分が未来の夢を語った時に、「素晴らしいね」「君ならできるよ」といった肯定的な言葉を返してくれる友人がいれば、脳はプラスに強化されます。プラスの出力に対して、プラスの出力で返してくれる。そんな友人がいれば、ワクワクは何倍にも高まります。

こんな友人を持とう

一方、自分がプラスの出力をしても、マイナスの出力で返してくる相手だったら、どうなるでしょうか？　夢を語っても、「それは無理でしょ」「難しいんじゃない？」といった否定的な言葉が返ってきたら、せっかくのプラスの出力をマイナスの出力が打ち消してしまいます。人間がやる気を失うのは簡単です。もし、「大変」「難しい」「できない」「最悪」「どうせ無理」などの言葉を語り合う友人がいたら、少し距離を置いたほうがよいかもしれません。

12 ポジティブな思い込みが理想の自分を作る

よい意味で「脳をだます」ことが習慣化のカギです。つまり、「よい錯覚」が人生を成功に導くのです。

ここまで読んでくださった人は、もうお気づきかと思います。人間の脳が、いかにだまされやすいかということに。しかし、これは習慣を身につけたい人間にとっては好都合です。どんなに難しいことでも、脳は素直にだまされて「自分はできるに決まっている」と確信するのです。この**確信習慣**を作れば、誰もが夢を実現し、成功することができます。

「確信習慣」の作り方

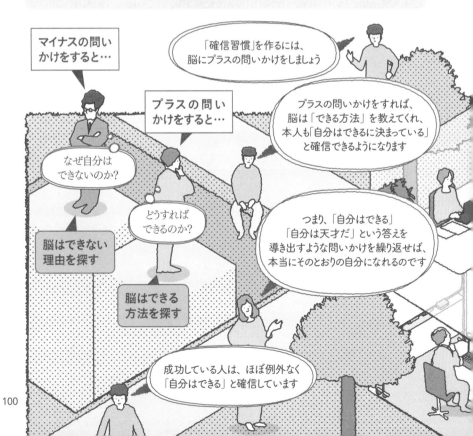

脳がこんなにだまされやすいということは、何を意味するのでしょうか？ その答えは「すべては思い込みにすぎない」ということです。私たちは、自分自身を錯覚によって作り上げています。だったら悪い錯覚より、よい錯覚をしたほうが幸せになれます。よい錯覚をする習慣を「**良徳錯覚習慣**」、悪い錯覚をする習慣を「**悪徳錯覚習慣**」と呼びます。ぜひあなたも、この章で紹介したノウハウを使って、良徳錯覚習慣を作ってください。

脳をだまして「よい錯覚」をしよう！

「言葉の変換」（▶p84）で、脳へプラスの情報を導く

プラスの言葉を返してくれる友人との交流を大切にする（▶p98）

今から向上する

君ならできるよ！

妻のごはんは今日もおいしかった

はい、やってみます

毎日の「よかったこと」を書き出す（▶p88）

「決め言葉」（▶p82）を決めて、0.2秒で「プラスの出力」ができるように意識する

未来の夢を具体的に思い描く（▶p94）

3年後に留学し、5年後に洋菓子店を開店する！

脳にプラスの問いかけをしながら、「自分はできる」とよい錯覚をしましょう

「ポーズ」や「表情」で脳をプラス思考に導く（▶p86）

Chapter 05

「よい習慣」の続け方、「悪い習慣」のやめ方

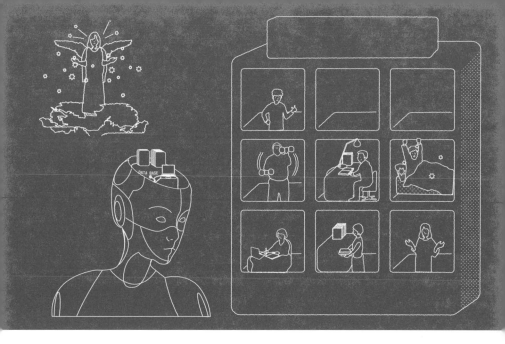

「よい習慣」を定着させ、
「悪い習慣」を排除することで、
すべてがよい方向へ動き始めます！

習慣を変えれば、人生のあらゆることが変わります。仕事も勉強も人間関係も、すべてがよい方向へと動き出していくのです。Chapter05では、個別のテーマごとに習慣化を成功させるポイントを紹介します。

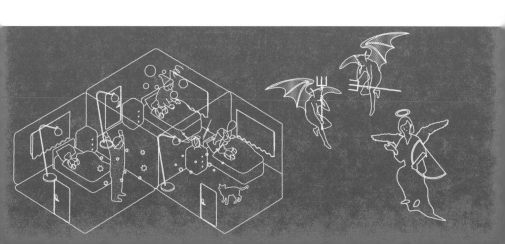

01 よい習慣の
続け方①
早起き
▶ **行動をさかのぼる**

早起きを習慣化したいのなら、まずは1個前の行動（▶p62）
である「寝る時間」を決めましょう。

早起きをしたいなら、まずは「私は毎日6時に起きる」と時間を決めましょう。
「そんな当たり前のことを？」と思うかもしれませんが、早起きが続かない人の
多くは、「自分が目指す早起きとは、何時に起きることか」をきちんと定義して
いません。起きる時間を決めたら、その**1個前の行動**である「寝る時間」を決
めましょう。

「早起き」を習慣化する方法

❶ まずは起きる
時間を決める

❷ 寝る時間を
決める

❸ 何時までに
風呂に入るか

❹ 何時までに
夕食を
すませるか

❺ 何時までに
帰宅するか

1個ずつ行動を
さかのぼって、それぞれの時間を
決めることが大切です

習慣とは「自分との約束を決めて、
それを守ること」。約束の内容は
できるだけ具体的に決めることが、
習慣化の秘訣です

睡眠は、平素からの生活リズムが重要です。大切な日の前になって、急に「よい睡眠をとって明日に備えよう」と思っても、うまくいきません。また、睡眠は、「時間」よりも「質」が重要です。睡眠の質を上げるために、寝るまでの30分の過ごし方を工夫してみるのも1つの方法です。「**良質の睡眠**」を意識して作り出すことで、早起きの習慣化の成功率も上がります。

「質のよい睡眠」をとるための工夫

リラクゼーション音楽を流す

お香やアロマをたく

決まったサプリメントを摂取する

入浴時に浴室を暗くし、浴槽にゆっくり浸かる

スマホやパソコン、テレビなどを寝室に持ち込まない

終業後や夕食後に適度な運動をする

カフェインやアルコール、タバコなどを控える

いろいろと試してみて、自分に合った「寝る前の習慣」を探してみましょう

02 よい習慣の
続け方②

ダイエット
▶ 成功後のイメージが大切

ダイエットを始める際は、まずは「なりたい自分」を思い描いて、
その後は脳にプラスの問いかけをしましょう。

ダイエットをしたいなら、まずは「**なりたい自分**」の姿を明確にしましょう（▶
p40）。Chapter 03でも解説したとおり（▶p57）、単に「痩せたい」ではなく、「ミ
ニスカートが似合う自分になりたい」「スーツをスマートに着て"仕事ができそ
う"と思われる自分になりたい」「メタボと診断されたので、健康に影響のない
数値に戻したい」など、具体的に思い描くことが大切です。

まずは「なりたい自分」の姿を明確にする

真夏の海が似合う
男になる！

ウェディングドレスを
ベストな体形で着たい！

なるべく具体的に
思い描くことが大切です

次に、「どうしてダイエットが成功したんだろう？」と脳に**プラスの問いかけ**をします。ポイントは、「ダイエットがすでに成功した」という前提で質問すること。脳は真実と嘘の区別がつかないので、一生懸命その答えを考えてくれます。そして、「お菓子より野菜を食べることが好きになったから」などと、脳が答えてくれます。その回答がそのまま「ダイエットが成功する方法」になります。

脳に「プラスの問いかけ」をする

どうしてダイエットが
成功したんだろう？

すでに「成功した」
という前提で脳に
質問しましょう

脳は真実と嘘の区別が
つかないので、一生懸命
その答えを考えてくれます

毎日8000歩以上
歩くようにしたから

すると、
たとえばこんな
回答が出てきます

お菓子を食べるのをやめて
水を飲むようになったから

質問に対して
脳が教えてくれた答えが、
そのまま「ダイエットが
成功する方法」です

バス通学をやめて
自転車通学に変えたから

「なりたい自分のイメージ＋脳への問いかけ」が
ダイエットを続けるための強い味方になってくれます

よい習慣の続け方③

ランニング
▶ まずは外に出る習慣を

ランニングを習慣化する際、ハードルを上げすぎるのはNG。「まずは外へ出る」習慣をつけましょう。

ランニングを習慣化する際のポイントは、「いきなり高い目標を掲げない」こと。そもそも、これまでランニングの習慣がなかった人の場合、走る以前に**まずは外へ出る**という習慣をつけなくてはなりません。最初のうちは「朝起きたら、トレーニングウエアを着て家の外へ出る」というくらい目標を低くしてもよいでしょう。毎日外へ出ることが習慣化されたら、今度はランニングそのものに目標を設定して構いません。ただし、「疲れたら途中で歩いてもOK」としましょう。**完璧主義は厳禁**です（▶p58）。

まずは目標を低く設定する

また、目標は「毎日5km」などと距離で設定するのではなく、「毎日30分」のように時間で決めたほうが長続きします。それでも、「どうしても30分続かない」という場合は、脳に以下の「**願望の質問**」や「**恐怖の質問**」をしてみましょう。いずれにせよ、大事なのは脳に問いかけて「自分はどうしたいのか」をはっきりさせることです。未来のイメージが明確になれば「自分はできる」と信じる力が生まれて、やる気が長続きするはずです。

「願望の質問」と「恐怖の質問」

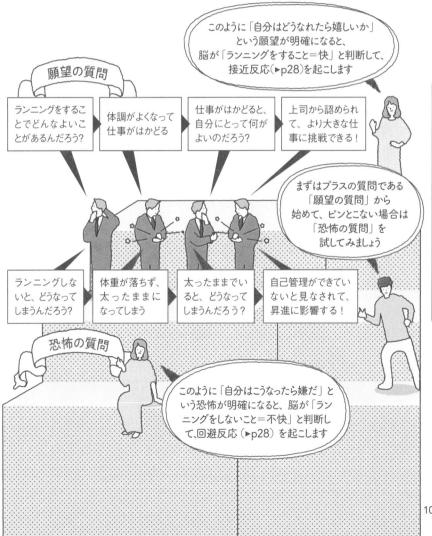

04 よい習慣の続け方④ **筋トレ**
▶ **少しずつ回数を増やす**

最初は思い切りハードルを下げて、徐々に回数を増やしていくのが、筋トレを習慣化するコツです。

筋トレも、基本はランニングと一緒です。いきなり「毎日腹筋を30回」などとハードルを上げず、「**腹筋は1回でもOK**」と決めるのがコツ。それに、最初から腹筋30回を義務化するより、少しずつ回数を増やしていって、1カ月後に30回を達成できれば、その時の喜びは相当なものです。1回ずつ点数アップしていくようなものなので、ゲーム感覚も取り入れて、ワクワクしながら習慣化できるでしょう。無理をせず、徐々に回数を増やしていきましょう。

「無理をしない」のが筋トレのコツ

最終的な目標の回数を設定して、今日は1回、明日は2回、明後日は3回と、徐々に回数を増やしましょう

GOOD 最初は1回でもOK

NG 昨日は10回だったけど今日は調子がいいから30回！

急に回数を増やすのはNG。いきなり体に負荷をかけると腰や肩を痛めて中断することになり、再びモチベーションを上げるためにまた時間や労力を使うことに…

05 よい習慣の続け方⑤
ブログ・メルマガ・SNS
▶ いいことを書こうとしない

続かない理由は「いいことを書こう」と考えるから。「何でもいいから、とにかく書けばいい」と考えましょう。

近年、仕事や趣味の情報発信媒体として、ブログ、メルマガ、SNSなどの重要度が増しています。ところが、実際に始めてみると、長続きせずに終わってしまうケースも少なくありません。なぜかというと「いいことを書こう」と考えてしまうからです。この習慣を続けたいなら、「何でもいいから、とにかく書けばいい」と考えましょう。「まずは **1行書けばOK**」と決めることでハードルが低くなり、無理なく続けられるようになります。

「気負わない」ほうが長続きする

ブログやメルマガ、SNSなども、思い切りハードルを下げることで無理なく続けられるようになります

書くことが思いつかないという人は「自分は何が好きか」「どんな家族と暮らしているか」などをカッコつけずに素直に書きましょう

まずは1行書けばOK

何も書くことがない…

「読み手がいるから」といって気負わないことが、長続きさせるためのポイントです

最近のことで書くことが見つからないなら子ども時代や学生時代のことを書いてもいいでしょう

よい習慣の
続け方⑥ **日記**
▶ **できるだけハードルを下げる**

日記を書く習慣がなかなか続かない場合は、「自分のため」ではなく「誰かのため」に書くようにすると長続きします。

日記を続けたいという場合も、その他の習慣と同様にできるだけハードルを下げてください。「**1行でもOK**」とすれば、どんなに眠くても、どんなに書くことが思い浮かばなくても、その約束を守ることができます。それでも続かないという人は、「自分のため」ではなく、「いつか家族に見せるため」「大切な人に自分を知ってもらうため」など、「**誰かのため」に日記を書く**のもよいでしょう。

「とにかく続ける」ことが大切

１人では続かないという場合は、「**交換日記**」もおすすめです。読んでくれる人がいれば、サボることなく毎日日記を書くことができます。また、悪いことよりよいことに目を向ける受信習慣を養うためにも、交換日記は役立ちます。自分が落ち込んでいる時でも、他の人が書いた「明日もまた頑張ろう」といった前向きな一言を読むとプラスの入力ができます。それに応えるように「私も頑張ります」と前向きな言葉を書けば、さらにプラスの出力ができます。この繰り返しで、脳がプラスに強化されていくのです。

「交換日記」のメリット

❶読んでくれる人がいると、必然的に毎日、日記を書けるようになる

❷毎日考えていることや学んだことの他に、意識的によかったことや前向きな言葉を書くことで、書く人と読む人の間で「プラスの入力→プラスの出力」のサイクルが繰り返され、脳がプラスに強化される

❸他人が読むことを前提とした日記なので、周囲への感謝の言葉が自然と増える

１人だとどうしても続かない習慣は、他人を巻き込んで長続きするしくみを作りましょう

07 よい習慣の
続け方⑦　**読書**
▶ **毎日、本を開くだけでもいい**

読書が苦手という人は、まずは「毎日、本を開く」ことを習慣
化して、脳に成功体験を焼きつけましょう。

読書を習慣にしたいなら、「**毎日、本を開く**」ことを自分との約束にしましょう。
これまで本を開く習慣さえなかったのなら、まずはハードルを限りなく低くす
ることが大切です。読みたくないなら、本を開いてすぐに閉じても構いません。
読書が苦手という人は、手に取った本がつまらなかったり、内容が理解できな
かったりした過去の記憶があるため、脳が「読書＝不快」と判断して、本を読
むのが嫌いになったのです。よって、まずは「読書＝快」に結びつけるのが先決。
本を開くのが楽しいと思えるなら、本の種類はマンガでも何でも構いません。

まずは「毎日、本を開く」ことを習慣づける

読書を習慣化する場合は、**「時間」と「場所」を決める**となおよいでしょう。毎日の生活のどこかに「読書する時間」を組み込むと、習慣化しやすくなります。その場合は「1個前の習慣」（▶p62）も意識してください。もし通勤電車の中や会社で本を開くなら「本をカバンに入れる」も習慣にしなくてはなりません。それができれば、本を手に取って開く習慣が自然と身につくはずです。

「時間」と「場所」を決める

08 よい習慣の 続け方⑧ 勉強
▶ 未来の自分にワクワクする

勉強を習慣化したい場合は、まずは「未来の自分」をワクワク
するイメージで思い描きましょう。

受験に臨む時、たいていの人は「どの学校に合格するか」を目標にします。し
かし、それだけでは長く苦しい受験勉強に耐えることはできません。必要なのは、
「この学校に入学したらどうなるか」を**ワクワクするイメージ**で思い描くことです。
「この学校に入って、こんなことがしたい！」という思いが強いほど、長い間コ
ツコツと勉強を続けられます。

未来の自分をワクワクするイメージで思い描く

やりたかった
分野の勉強に
取り組んでいる自分

友達がたくさん
できている自分

部活動で活躍
している自分

受験勉強を習慣化したい場合は、
本人が楽しくなるような将来の自分の姿を
具体的に思い描きましょう

願望が強いほど
辛抱できる量も
大きくなります

語学や資格のための学習も同様です。ただ単に「仕事で英語が必要になったから」「外資系企業に転職したいから」といった漠然とした理由だけだと、なかなか勉強は長続きしません。「何のために」という目的だけでなく、そこから「英語を身につけたらどんな楽しいことがあるか」などと具体的にイメージして、ワクワクできるような願望を大きく膨らませてください。願望が大きく膨らめば、辛抱できる量も増えるので、その夢に向かってコツコツ努力できます。

「どんな楽しいことがあるか」をイメージする

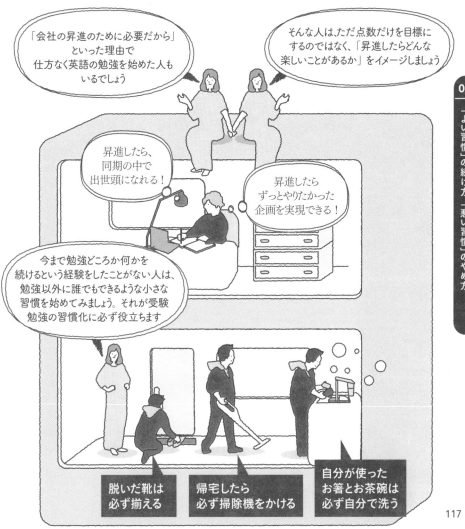

117

よい習慣の続け方⑨ **掃除**
▶ 考えずに即行動

掃除を習慣化するポイントは「すぐにやる」と「ハードルを上げない」の2つ。よい習慣をつけて汚部屋から卒業しましょう。

部屋の掃除ができず、家の中は散らかり放題……。そんな人は、脳が過去の記憶から「掃除＝面倒で不快なもの」と判断して、回避反応（▶p28）を起こしています。よって、掃除を習慣にしたいなら、脳が0.5秒で「掃除は嫌い」というマイナス思考を完成させる前に行動する必要があります。家に帰って「今日は掃除をしようかな」などと迷っている暇はありません。玄関を開けて自宅に入ったら、すぐ掃除を始めてください。

掃除を習慣化するためのコツ

「家中をピカピカにしよう」とは考えず、「ゴミを3つだけ拾う」「掃除機を5分だけかける」など、簡単にできることをやろう

脳が「掃除＝不快」と判断する前に、帰宅したら即座に始めましょう

これで3つ目。終了！

バタンッ！

サッ！

❶玄関を開けたらすぐ掃除を始める

❷ハードルを下げる

目の前のゴミを拾う、掃除機を取り出すなど、どんな作業でもいいので即座に行動に移しましょう。もう1つ大事なのが「家中をピカピカにしよう」とは考えないこと。ハードルを上げてしまうと、またすぐに掃除が嫌になってしまいます。「ゴミを3つだけ拾う」「掃除機を5分だけかける」など、簡単にできることをやればOKとしましょう。

たとえば窓拭きが面倒と感じた場合、窓に1枚ずつ名前をつけると、つまらない作業も楽しくなります

使い終わったものは出しっぱなしにせず、常に正しい場所に「片づける」意識を

まどかちゃんキレイになったね

❹使い終わったものは「置く」のではなく「片づける」

❸脳をワクワクさせる

少し意識を変えるだけで家がきれいになる上によい習慣が身につきます

声を出して言うと気味が悪いと思われるかもしれないので、人に見られないように気をつけましょう…

10

よい習慣の
続け方⑩ **貯金**
▶**3つの口座を作る**

貯金を習慣にする際には、「普通の貯金」「目的貯金」「賢者の
貯金」の3つの口座を作りましょう。

無駄遣いしているつもりはないのに、貯金できない。そんな人には、毎月の給
与が振り込まれる「**普通の貯金**」、特定の目的のためにお金を貯める「**目的貯金**」、
一生下ろさないつもりで貯める「**賢者の貯金**」の3つの口座を作ることをおす
すめします。「お金が余ったら貯金しよう」といった漠然とした考えではお金は
貯まりません。このように、貯金に名前をつけて意味づけをはっきりさせるこ
とで、着実に貯金できるようになります。

「3つの口座」を作る意味

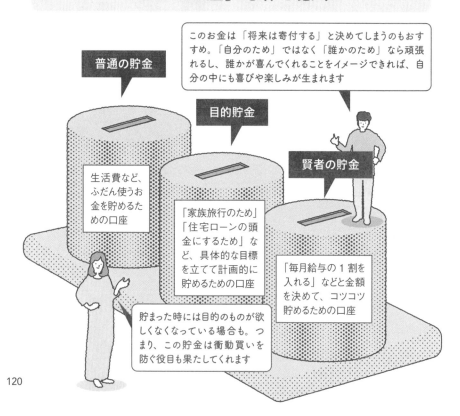

このお金は「将来は寄付する」と決めてしまうのもおす
すめ。「自分のため」ではなく「誰かのため」なら頑張
れるし、誰かが喜んでくれることをイメージできれば、自
分の中にも喜びや楽しみが生まれます

普通の貯金

目的貯金

賢者の貯金

生活費など、
ふだん使うお
金を貯めるた
めの口座

「家族旅行のため」
「住宅ローンの頭
金にするため」な
ど、具体的な目標
を立てて計画的に
貯めるための口座

「毎月給与の1割を
入れる」などと金額
を決めて、コツコツ
貯めるための口座

貯まった時には目的のものが欲
しくなくなっている場合も。つ
まり、この貯金は衝動買いを
防ぐ役目も果たしてくれます

11 よい習慣の 続け方⑪

家族
▶ 感謝の気持ちを伝える

家族の間に距離ができてしまったという人は、まずは家族に「ありがとう」と言う習慣をつけましょう。

家族との関係は、つい何ごとも「当たり前」と考えがちです。「妻が家事や育児をするのは当たり前」「夫が給料を稼いでくるのは当たり前」といった思考習慣が身についてしまうと相手への感謝の気持ちが薄れ、家族の間に距離ができてしまいます。「我が家にもそんな空気が漂っている」と思った人は、今日から家族への**「ありがとう」**を習慣にしましょう。感謝を伝え続けることで、いつか相手からも感謝の気持ちが返ってきて、お互いを大切にする心が生まれます。

毎日違う「ありがとう」を伝え続ける

単に「ありがとう」と伝えるだけでなく、何に対しての「ありがとう」なのかを伝えると、よりいっそう相手の心に響きます

早起きして
朝食を作ってくれて
ありがとう

布団を干してくれて
ありがとう

お風呂掃除をしてくれて
ありがとう

この習慣を続けることで、相手に感謝の気持ちが伝わるばかりではなく、「毎日こんなにたくさんのことをしてくれていたんだ」と気づくことができます

12 よい習慣の
続け方⑫ **子育て**
▶ **プラスの問いかけをする**

保護者が子どもにかける言葉が、子どもの思考習慣を形成します。常にプラスの言葉で問いかけるように意識しましょう。

子どもの思考習慣は、保護者の言葉や表情、動作などが、子どもの脳に入力されることによって作り上げられます。「本当にダメね」が口癖の保護者に育てられた子は、「自分はダメな子」という思考が刷り込まれます。なので、もし「ダメ！」と言いそうになった時は、**どうしたらうまくいくと思う?** とプラスの言葉で問いかけましょう。そうすれば、子どもの脳はプラスの回答をしようとして、うまくいく方法を一生懸命考えます。

「勉強しなさい」は逆効果

122

13 よい習慣の続け方⑬ 自分の心 ▶ プラスの面を見つける

毎日「3つの幸せ」をノートに書き出す習慣で、どんなことにもプラスの面を見つけられるようになります。

最近はメンタルヘルスに問題を抱える人が増えています。仕事や人間関係でストレスが積もり積もって、とうとう心が折れてしまう。そんなケースがあとを絶ちません。心の健康を保つためには、Chapter 04で紹介した「通勤途中の喜び」「職場の楽しさ」「家庭の幸せ」をノートに書き出す習慣（▶p88）が効果的です。これはいわば「いいところ探し」の習慣なので、どんなことにもプラスの面を見つけることができます。意識的に「**喜び**」「**楽しさ**」「**幸せ**」に目を向けましょう。

「いいところ探し」を習慣にする

よい習慣の続け方⑭

人間関係
▶ まずは自分自身を変える

人間関係を変えたいと思っても、相手を変えることはできません。ならば、自分の言動を変えるしかありません。

円満な人間関係を築くには「**相手のため**」を考える習慣が必要です。「どうしたら喜んでくれるか」「どうしたら役に立てるか」を考えていれば、自然と相手が喜ぶような言葉や表情が出力されてきます。その代表格が「ありがとう」の言葉です。「嫌なヤツを相手に、ありがとうなんて言いたくない！」という人もいるでしょう。しかし、相手を変えることはできません。人間関係を変えたいなら、自分自身の言葉や立ち居振る舞いを変えるしかないのです。

人間関係をよくする習慣

人を嫌いになっても、何もいいことはありません。相手の悪口を言ったり、頭の中で考えたりしただけで、脳の中ではどんどんマイナスの出力と入力が繰り返されてしまいます。そうなると、気づかないうちに自分の言動にも現れ、お互いにもっと相手を嫌いになってしまいます。とはいえ、無理に相手を好きになる必要もありません。「嫌い」というマイナス思考は止められないので、言葉や表情、動作などの出力を変えればいいのです。それだけで、人間関係はよい方向へと変わります。

人間関係を好転させる「プラスの出力」

125

15 よい習慣の
続け方⑮　**仕事**
▶ **前日の夜に予定を確認する**

仕事ができる人の多くは、目の前の業務ばかりでなく、常に「1
個前の習慣」(▶p62) を意識することを習慣化しています。

仕事ができる人になりたいなら、「**1個前の習慣**」を常に意識しましょう。朝
から全力で仕事をスタートさせたいなら、前日の夜に「**明日の予定を確認する**」
という習慣をつけるのがおすすめです。明日やるべきことを確認すれば、効率
的な段取りを考えた上で、仕事をスムーズに進めることができます。さらに脳
のゴールデンタイムである就寝10分前に明日の予定を確認すれば、右脳が未来
のイメージをしっかりと思い描きます。

「1個前の習慣」を考えて実行する

「1個前の習慣」を意識することで、さまざまな仕事の質とスピードがアップします。「前日に会社のデスクを片づける」「アポイント先の電話リストを整理しておく」など、どんな仕事をしていても、翌日の仕事をスムーズに進めるためにできることはいろいろあります。仕事の質とスピードを上げるために、自分にできる「1個前の習慣」を考え、実行することを心がけましょう。

16 よい習慣の
続け方⑯
部下の育成
▶ 相手の脳に働きかける

マイナスの出力ばかりしていたら、部下は育ちません。常にプラスの出力を心がけることで、部下もチームも奮起します。

部下の成長を促し、やる気を出してもらうには、相手の脳に働きかける必要があります。脳は「それが正しいから」という理由だけでは、ものごとを続けることができません。「楽しい」と思えることでなければ続かないのです。よって、部下に指導をする時は、「これをやるのが正しい」「これをしなければならない」と教えるのではなく、<u>**「これをやると楽しい」**</u>と教えるのが正解です。

部下には「これをやると楽しい」と教える

たとえば営業職だったら…

目標の売り上げを
達成しなければならないから
君も頑張れ

うちの会社の商品が
競合他社の商品を押しのけて
お店の棚を埋め尽くしたら、
すごくワクワクするだろうね

部下がワクワクできればあとはいちいちハッパをかけなくても「お店の棚を埋め尽くす」というイメージを実現するために全力で頑張るはずです

NG

GOOD

128

また、無意識のうちに部下に対して「こんなこともできないのか」「君はダメだな」などのマイナスの出力をしていないか、振り返ってみてください。その出力はそのまま部下に入力され、「自分にはできない」「自分はダメだ」というマイナスの受信をしてしまいます。部下を成長させたいなら、上司である自分が部下をほめるなど、プラスの出力を心がけましょう。

部下の「正しいほめ方」

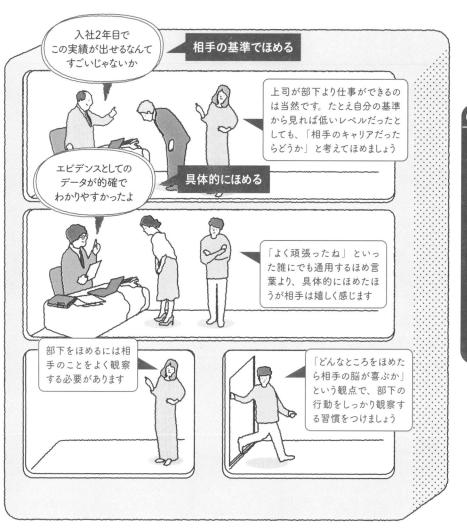

入社2年目でこの実績が出せるなんてすごいじゃないか

相手の基準でほめる

上司が部下より仕事ができるのは当然です。たとえ自分の基準から見れば低いレベルだったとしても、「相手のキャリアだったらどうか」と考えてほめましょう

エビデンスとしてのデータが的確でわかりやすかったよ

具体的にほめる

「よく頑張ったね」といった誰にでも通用するほめ言葉より、具体的にほめたほうが相手は嬉しく感じます

部下をほめるには相手のことをよく観察する必要があります

「どんなところをほめたら相手の脳が喜ぶか」という観点で、部下の行動をしっかり観察する習慣をつけましょう

よい習慣の
続け方⑰　　**営業・販売**

17

▶ 思いをアウトプットする

信頼し、感謝する心が営業や販売の基本。それに努力が加わると、周囲の人を引き寄せるようになります。

営業職や販売職で高い売り上げを上げる人は、ほぼ例外なく「**自社商品への信頼**」と「**会社への恩**」を抱いています。「自分が扱っている商品は世の中のためになる」と信頼することと、同じ会社で働いている人たちに感謝することができれば、経験や能力に限らず、誰もが営業成績を上げることができます。一方、売り上げが上がらない人は「ノルマがあるから売らなければならない」と考えます。

「売れる営業マン」と「売れない営業マン」の違い

売り上げを伸ばすために必要な行動の１つは、お客様の評価や反応を会社にフィードバックして、「市場にこのような意見があるので、改良を検討してもらいたい」と開発や製造に提案することです。ただし、そのためには自分自身が社内で認められる人間でなくてはなりません。つまり、まずは自分が目の前の仕事を頑張る必要があります。その上で思いを言葉や行動でアウトプットすることで、周囲の協力やサポートを引き寄せることができます。

18 悪い習慣の
やめ方①
タバコ・お酒
▶ 脳に「不快」と思わせる

体に悪いとわかっていてもやめられないタバコとお酒。やめたいのなら脳に「不快」のデータを焼きつけましょう。

タバコをやめられないのは、脳が「タバコ＝快」と接近反応（▶p28）を起こしているためです。よって、まずは「タバコを吸いたい」と思っても、すぐに吸わないようにしましょう。いったん時間を置くことで、「吸いたい」という思考が行動に移されるのを止められます。それでも吸ってしまったら、**あ〜、まずい**と声に出しましょう。こうして脳に「タバコ＝不快」のデータが作られれば、脳はタバコに対して回避反応（▶p28）を起こすようになります。

「マイナスの出力」をする

タバコやお酒をやめられないのは
脳が「タバコ＝快」「お酒＝快」という
接近反応を起こしているから

タバコやお酒をやめたい場合は、
脳が「タバコ＝不快」「お酒＝不快」
という回避反応を起こすように、
言葉や動作でマイナスの出力をしましょう

わざと咳き込む

ゲホゲホ

わざと「体に悪い」と
思い込ませる出力をする

あ〜、まずい

肝臓が調子悪い

わざと「まずい」と言う

お酒をやめたい時も同じです。脳が「お酒はまずい」「お酒は体に悪い」と信じるような出力をすれば、脳がお酒に対して回避反応を起こします。やめるとは、「今日もタバコを吸わなかった」「今日もお酒を飲まなかった」という状態をずっと続けることです。「今日もやらなかった」という習慣を作り、それをコツコツと続けることが大事なのだと肝に銘じましょう。

「今日もやらなかった」という習慣を作る

19 悪い習慣の
やめ方②
ギャンブル
▶ 自分自身に問いかける

損をするとわかっていても、やめられないのがギャンブル。しかし、大切なものがあることを忘れてはいけません。

ギャンブルをやめたいなら、「**恐怖の質問**」が効きます。たとえば、「パチンコを続けると、どうなるか？」と自分自身に問いかけるのです。すると「家族との時間がまったく取れない」といった答えが出ます。さらに「家族との時間が取れないと、どうなるか？」と質問すると、「家族の悩みを聞くこともできず、最悪の場合、一家離散かも……」といった答えが出ます。ギャンブルから遠ざかるには、自分に質問して大事なものへの思いを引き出すことが大切です。

「願望の質問」も効果的

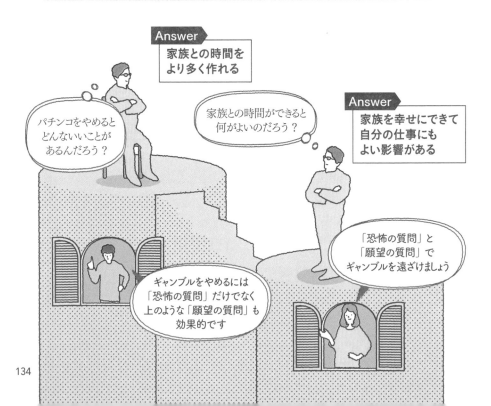

Answer
家族との時間を
より多く作れる

パチンコをやめると
どんないいことが
あるんだろう？

家族との時間ができると
何がよいのだろう？

Answer
家族を幸せにできて
自分の仕事にも
よい影響がある

ギャンブルをやめるには
「恐怖の質問」だけでなく
上のような「願望の質問」も
効果的です

「恐怖の質問」と
「願望の質問」で
ギャンブルを遠ざけましょう

20 悪い習慣の
やめ方③ **食べすぎ**
▶ **言葉を換え、表情を作る**

食べすぎを控えたいと思ったら、言葉と表情を使って、脳に「回避反応」（▶p28）を起こさせましょう。

食べすぎを控えたい場合は、目の前の食べものに、脳が回避したくなる名前をつけましょう。たとえばケーキを食べる時に「今から糖質と脂肪の塊を食べます！」と言うのです。これを続けていると、脳が回避反応を起こして食べすぎにブレーキをかけてくれます。また、表情からストップをかけることもできます。甘いものを控えたいなら、甘いものを食べる時にわざと仏頂面をするのです。すると脳が「甘いもの＝不快」と思い込んでくれます。

「言葉」と「表情」で脳にブレーキをかける

言葉を変えて
脳に「回避反応」を起こす

今から
糖質と脂肪の塊を
食べます！

表情を変えて
脳に「回避反応」を起こす

ブスッ

言葉を変え、表情を作って
脳をだませば、食欲を上手に
コントロールできます

21 悪い習慣の
やめ方④
ゲーム・スマホ
▶ 他の習慣を作る

有意義な時間をどんどん奪っていくゲームやスマホ。やめたい
と思ったら、それぞれの呼び方を換えてみましょう。

ゲームやスマホをやめたい場合も、**言葉を換えてみる**のが効果的です。たとえば
ゲームなら「幼稚な遊び」、スマホなら「時間泥棒」などと言い換えてみたらど
うでしょうか?「ゲームをやりたい」と思っても、「幼稚な遊びをしたい」と思う
人はあまりいないでしょう。このように脳が「回避反応」(▶p28)を起こす言葉
に置き換えると、しだいにゲームやスマホから距離を置くようになります。

脳が「回避反応」を起こす言葉に置き換える

ゲーム
⇩
幼稚な遊び

有料アプリ
⇩
暇人搾取ソフト

スマホ
⇩
時間泥棒

やりたくない…

ゲームやスマホをやめるには、他の習慣を始めるという方法もあります。つい
ゲームをしたり、スマホを見たりしてしまうのは、通勤・通学の電車内だとい
う人は多いと思います。だったら、「電車内では本を読む」「電車内では英語教
材を開く」といった習慣を始めれば、ゲームやスマホをする暇はなくなります。
何もすることがないと、ついゲームやスマホに手が伸びてしまうという人は、
「ゲームやスマホの代わりに、これをやる」と決めてしまいましょう。

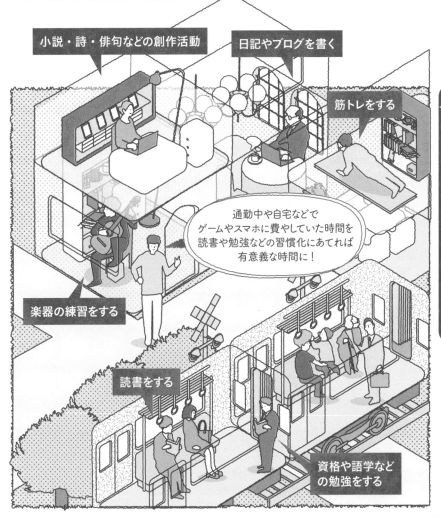

ゲームやスマホの代わりにやることを決める

小説・詩・俳句などの創作活動

日記やブログを書く

筋トレをする

通勤中や自宅などで
ゲームやスマホに費やしていた時間を
読書や勉強などの習慣化にあてれば
有意義な時間に!

楽器の練習をする

読書をする

資格や語学など
の勉強をする

悪い習慣の
やめ方⑤
22 買い物
▶ 極端に我慢しない

買い物に依存してしまうと、家計が破綻することも。自分自身への「質問」が、余計な買い物から自分を遠ざけてくれます。

「買い物依存症」という言葉があるほど、一度はまったら抜け出すのが難しいやっかいな習慣が「**余計な買い物**」です。買い物は生活する上で必要な行動ですが、それゆえに「必要な買い物」と「余計な買い物」の線引きが難しいという問題もあります。余計な買い物についても、やめたいと思ったらまずは「**恐怖の質問**」と「**願望の質問**」（▶p109、p134）をしてみましょう。

「恐怖の質問」と「願望の質問」（買い物ver.）

余計な買い物を減らす方法は他にもあります。家計簿をつけることを習慣化して「自分がどれだけお金を使っているか」を把握するのです。また、常に貯金を意識することで、「買い物をする喜び」を「お金が貯まる喜び」に変えることができます。とはいえ、極端に買い物を控えると、それがかえってストレスになる場合も。最初からハードルを上げて極端に我慢するのではなく、適度に買い物を楽しみつつ、少しずつ余計な買い物を減らすようにしましょう。

余計な買い物を減らす方法

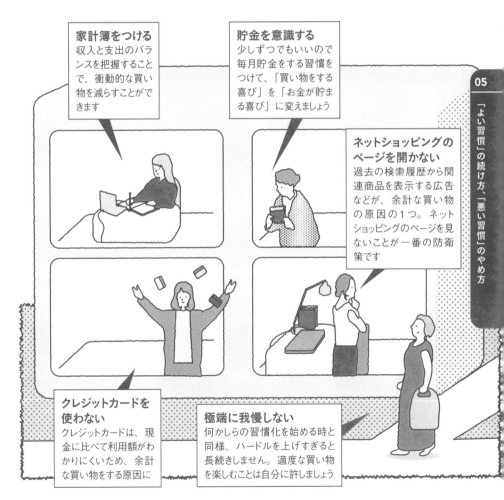

家計簿をつける
収入と支出のバランスを把握することで、衝動的な買い物を減らすことができます

貯金を意識する
少しずつでもいいので毎月貯金をする習慣をつけて、「買い物をする喜び」を「お金が貯まる喜び」に変えましょう

ネットショッピングのページを開かない
過去の検索履歴から関連商品を表示する広告などが、余計な買い物の原因の1つ。ネットショッピングのページを見ないことが一番の防衛策です

クレジットカードを使わない
クレジットカードは、現金に比べて利用額がわかりにくいため、余計な買い物をする原因に

極端に我慢しない
何かしらの習慣化を始める時と同様、ハードルを上げすぎると長続きしません。適度な買い物を楽しむことは自分に許しましょう

Chapter 06

人生が広がる
習慣術

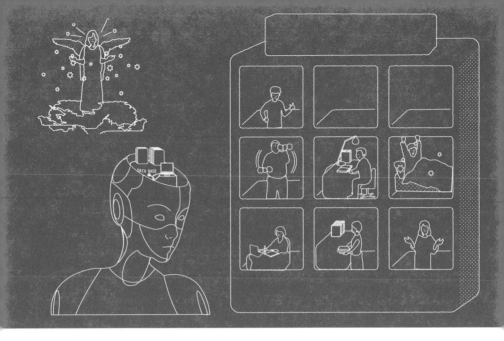

未来は誰にもわかりません。
だったら思い悩まず、ワクワクした状態で
超肯定的な未来を思い描きましょう

人によって異なる"感じ方（受信習慣）"や"考え方（思考習慣)"は、習慣を形成する上で重要な要素です。こうした「習慣」をよりよい方向に導くことで、あなたの生活と人生は大きく変わります。本当の習慣化は、ここからかもしれません。

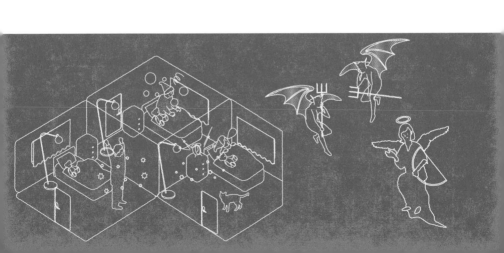

01 あの人にできるなら、自分にもできる

「自分は自分、他人は他人」もいい考え方ですが、自分の向上のためであれば、「自分と他人を比べる」ことも役立ちます。

「自分と他人を比べる」ことは、えてして相手に対して劣等感を持ったり、ねたんだりする原因になりがちです。そのため、あまりおすすめできません。しかし、自分の向上のために自分と他人を比べるのであれば、大いにやるべきです。成功している人は、きわめて客観的に自分と他人を比較しています。そして、**「あの人にできるのだから、自分にもできるかも」**と考えるのです。

「よい受信習慣」と「悪い受信習慣」

さらには、「どうやったらできるのか、できることをマネしてみよう」と考えます。そして、すぐに行動します。まずは、できること、やるべきことを判断し、がむしゃらに取り組むのです。しかし、誰かに追いついたり、追い抜いたりするために頑張るのではありません。「○○さんにできたのだから、自分にもできる！」と、自分自身の弱気に勝つために頑張るのです。

「他人」は自分を奮い立たせてくれる存在

02 肯定的受信と好意的受信

脳へプラス思考を入力したいと思ったら、入力する情報を自ら
肯定的、好意的に変換してしまえばよいのです。

これまでも何度か解説してきましたが、脳にはプラス思考が大切です。つまり、入ってくる情報のすべてを肯定的に受信できれば、そのままプラス思考になれるので効率的ということです。**肯定的受信**はそれほど難しいことではありません。すべての出来事を、プラスに受け取ると決めればいいだけだからです。普通ならピンチだと思うような状況でも、「チャンス」という言葉を発することで脳に刺激を与え、どうやったら改善につながるかを考えましょう。

「肯定的受信」で次につなげる

対人関係においては、相手の言動を、すべて好意を持って受け取る**好意的受信**も大切です。たとえ、相手の言動が自分にとって「嫌だな」と思うことだったとしても、相手がどういうつもりで言ったかはわかりません。ひょっとしたら、相手は自分に何かを気づかせようとしてくれたのかもしれません。他人からの発言をすべて好意的に受け止めることで、あらゆることを次の局面につなげていけるようになる上、自分自身が進化、成長していけるのです。

他人との出逢いは、もう1人の自分との出逢い

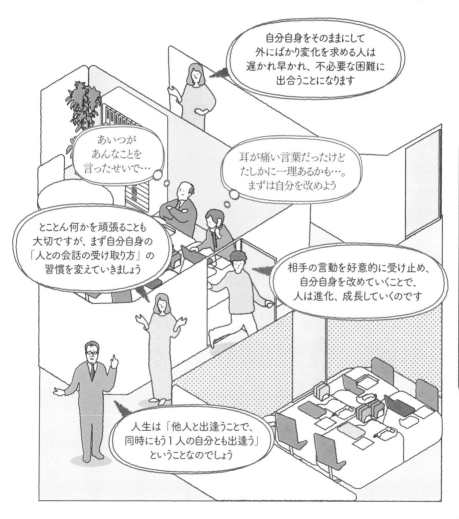

03 「肯定的な勘違い」が未来を決める

未来は誰にもわかりません。自分の未来を否定しても、肯定しても、どちらも勘違いでしかないのです。

成功している人に共通する特徴があります。それは、未来において自分が得たいものを得た状態や、なりたい自分になっていることを明確にイメージしているだけでなく、そうなるに決まっているという「変な確信」を持っていることです。つまり「**肯定的な勘違い**」をしているのです。言い方を変えれば、「根拠がない自信が大切」ということになります。

所詮すべては「勘違い」

人の未来を決めるのは、すべてが「勘違い」です。自分の未来に対して制限を設けてしまうと否定的な勘違いになり、ワクワクした状態で未来を思い描くと肯定的な勘違いとなります。どうせ勘違いなのですから、ワクワクした勘違いのほうが自分も楽しい上に、未来も開けます。朝起きたら布団の中で毎日数分間、ニヤニヤと笑いながら未来の自分をイメージしたり、妄想したりしましょう。これを続けると、ますます理想の自分が明確になっていきます。どうせ勘違いなら、超肯定的な未来を思い描きましょう。

「自分はできる！」を毎朝入力し続ける

❸理想の自分が明確になると、「何のために、今日も目が覚めたか（今日、目が覚めた理由）」が確認できる

理想の自分

ワクワク

今日という日を積み上げていき、必ず理想の自分になる！

❷毎朝の"妄想"を続けていくと、理想の自分が明確になっていく

グフ・フッ

❶毎朝起きたら布団の中で、ワクワクしながら未来の自分をイメージする

ニヤニヤ

理想の自分を明確に思い描くことができるようになれば、さまざまな困難が降りかかってきたとしても、すべてを必要なこととして受信できるようになります

04

「他人」ではなく、「過去の自分」と比べる

自分と他人との勝ち負けにこだわっても、あまり意味がありません。それよりも、過去の自分と今の自分を比べましょう。

このChapterの冒頭で、「自分の向上のためであれば、自分と他人を比べることも役立つ」と書きましたが、勝ち負けにこだわったり、比べても仕方ないことを比べたりするのはいただけません。今、あなたが比較したり争ったりしている「こと」や「人」、「状況」などがあるとします。その対象は同じ条件でしょうか？ 「生まれ」や「育ち」、「あり方」や「やり方」などさまざまな条件が違うのに、比較や競争をして勝手に落ち込んだり、メンタルを傷めたりしてもよいことはありません。

比べても仕方ないことを比べない

人生で目指すもの　性別　体力　容姿　置かれている環境

本来の比較や競争は同じ条件下で行うもの。
ルールが異なるスポーツの試合はもともと成立しません。
比べても仕方ないことを「比べる」のはやめましょう

どうせ比べるなら、比べることが成立することを比べましょう。それは、「**過去の自分と今日の自分**」です。1年前の自分と今の自分を比べたら、どんな進歩や成長があったのか。あるいは昨日の自分を1ミリでも超えるために、今日は何ができるのか。どうせ比べて「勝った」「負けた」と言いたいのなら、過去の自分と比べて「勝った」と言いましょう。

「過去の自分」と比べて勝つ

05 「ほら」を吹き続ければ「本当」になる

「なりたい自分」に近づくためには、それが確信に変わるまで、どんどん大きな「ほら」を吹きましょう。

「ほらを吹こう」と言うと、「嘘をつけということ?」と思う人もいるかもしれませんが、それは違います。「**ほら吹き**」とはものごとを大きく言う人のことで、「嘘つき」とは事実とは異なることを信じさせようとする人のことです。たとえば、年収500万円の人が「私は年収1000万円です」と言えば嘘つきです。しかし、「私は、起業して5年後には年収1000万円になります」と言った場合は、未来に対する自分への期待を述べただけなので、嘘つきではありません。

「ほら」と「嘘」は違う

今の自分を基準にして考えると、「自信がなくてそんな大ぼら吹けない」と思うかもしれません。しかし、目標に向かってチャレンジしてみないと、できるかできないかなんてわかりません。<u>「ほらを吹く」とは、未来の自分が成し遂げたいことを、数値化して言い切ることです。</u>成功する人は、常にほらを吹き続け、同時にどうすればそうなれるかを考え続けているのです。

一生「ほら」を吹き続けよう

06

眠る前と起きた時の習慣で自己暗示をかける

1日の終わりと1日の始まりに肯定的な言葉を発して、自分自身を「ワクワク脳」にしてしまいましょう。

夜、眠りにつく直前の言葉は重要です。私たちの顕在意識は起きている時がONの状態で、眠っている時はOFFになります。一方、潜在意識は常にONの状態です。そのため、肯定的な言葉で1日を締めくくると、睡眠中に脳の中に肯定的思考が浸透していきます。脳は現実とイメージを区別できないという特徴を持っているため、寝る前に肯定的な言葉を発し、そのイメージのまま眠りにつくと、睡眠中にしっかりと潜在意識の中に肯定的思考が浸透していくのです。

プラスのイメージを潜在意識に浸透させる

朝、目覚めて顕在意識のスイッチがONになった瞬間の第一声も重要です。まずは「今日も素敵な1日の始まりだ」といった肯定的な言葉を発しましょう。そして、重要なのはこの次です。ベッドに横になったまま、「家族や会社のみんなを幸せにするために、今日も目覚めたのだ」と、自分が「何のために目が覚めたのか」を、毎日確認してから起き上がるのです。自分なりのワクワクする言葉で自己暗示をかけ、自分自身の脳を**ワクワク脳**にしてしまいましょう。

「何のために目が覚めたのか」を確認する

153

07 「できない理由」より「どうしたらできるか」を考える

愚痴を言っても何も変わりません。それよりも、「どうしたいのか」「どうしたらできるか」を自分自身に問いかけましょう。

いつも不平不満を抱えている人は、「自分の境遇が悪いのか」「会社が悪いのか」「景気のせい、いや政治のせいだ」などと、「できない理由」や「やらない理由」にスポットを当てて自分自身に言い訳をしています。しかし、この種の言い訳はあまり意味をなしません。なぜなら、言い訳を考えたり、愚痴を言ったところで他人や社会を変えることはできないからです。だったら、自分自身を変えたほうが、よっぽど建設的です。

「できない理由」を考えても意味がない

NG 相手がわかってくれないから無理！

GOOD 相手にわかってもらうための準備が足りなかった

NG お客様がものを買ってくれない

GOOD お客様に喜んでもらうための努力や工夫が足りなかった

他人や環境のせいにしても問題は解決しません。自分がやろうと思えばできることを見つけ出すことが大切です

人は誰しも、ものごとがうまくいかないと感じる時や、迷ってしまう時があるものです。そんな時はぜひ、「**どうしたいのか**」「**どうしたら、よくなるだろう**」と自分自身に問いかけてみてください。さらに、ものごとがうまくいっている時も「**どうしたら、もっとよくなるのだろう**」と問いかけましょう。たったこれだけのことで、人生の成果が大きく変わってきます。

自分自身に問いかける

155

08 何ごとも「本気」で取り組む

何ごとも「本気」で取り組んでいると、やがて楽しくなってきて、自然に人も集まってきます。

自分が仕事を楽しむためにも、人から信頼を得るためにも、「**本気**」で取り組むことが重要です。目標に向けて本気で取り組む人には、**①自分で決める、②決めたことをやり続ける、③やり続けていると楽しくなってくる**、という3つの特徴があります。そして、この①〜③の状態になった時、まわりがあなたを1人にしておかないという現象が起こります。

「本気の人」の3つの特徴

今できないことは、環境が変わってもできません。不平不満を言う前に、まずは目の前のことに没頭し、楽しくなるまでやり続けてみましょう

他人の顔色をうかがって中途半端な返事しかできないと、自分も面白くない上に、結果としてまわりに迷惑をかけてしまいます

よしっ！やろう

❶自分で決める
他者からの提案や依頼であっても、最終的には、自分で「やる」と決める。やりたくないなら、きっぱりと断る

自分自身で決めて、それをやり続け、笑顔で困難に挑んでいると、「私にもできることありませんか」「ぜひ、応援させてください」と、人が集まってきてくれるのです。「やる」か「やらない」かは、自分で決めるべきことです。常に自分で意思決定するという習慣を意識しましょう。そして、いったん何かをやると決めたら、シンプルにやり続けてください。諦めずにやり続ければ、必ず成功します。

私にも協力させてください

没頭すればするほど楽しくなってきて、人も集まってきた

❸やり続けていると
楽しくなってくる
たとえ嫌な仕事であったとしても、やり切ることで好きな仕事に変わっていく。ひたすら没頭することで、まわりからの評価や信用も高まる

やると決めた以上やり続ける！

その日その1日に、目の前に与えられた課題だけに没頭する。その繰り返しが大切です

決めたことをやり続けるためには「自分は必ず成功する」と思い続けることが大切です

❷決めたことをやり続ける
いったん何かをやると決めたら、シンプルにやり続ける。最後まで諦めずにやり続けることが、成功の秘訣

「無理」という言葉を軽々しく使わない

人生において、一番大切なものの1つがチャレンジです。「無理」の一言は、その機会をいとも簡単に奪ってしまいます。

世の中には、「物理的に無理」なことがたくさんあります。ある人が「体1つで自由に空を飛びたい」と思っても、それは無理でしょう。しかし、「○歳になるころには、セスナ機を自分で操縦して大空を飛びたい」という夢を描いたとしたらどうでしょうか？ 金銭面や免許の取得など、いろいろな困難や障害は予想されますが、「物理的に無理」ではありません。

「無理」の一言がチャンスをつぶす

難題を目の前にした時は、すぐに「**無理**」と言うのではなく、「その条件なら無理だけど、こうなればできる可能性はある」というように、「どうやったらそれが可能か」も同時に考えるようにしましょう。たとえば仕事上の難題であれば、「人」「金」「情報」「時間」「設備」など、今あるものと足りないもの、将来に向けて必要なものなどを考えていけば、解決の糸口が見つかるかもしれません。

人間は「なりたい自分」になれるもの。もっと正確に言えば、自分の未来は自分の想像どおりにしかなりません。まずは脳に「できる」と信じ込ませて、あとは行動あるのみです

業界に革命をもたらす起業家になってやる！

できるだけそうなりたい…

最初に「無理」と言ってしまうと脳も「無理」と思い込んでしまいます。「なりたい自分」のイメージを明確にして目の前のチャンスを逃さないようにしましょう

「できるだけなりたい」といった曖昧な願望しかないと、困難や障害にぶつかった途端、諦めることに…。今の自分を基準にするのではなく、未来の「なりたい自分」にスポットを当てましょう

SHUUKANKA
METHOD
mirudake note

Chapter 07

仕事がうまくいく
習慣術

仕事で成功するには「他者への貢献」と、
「素早く決め、すぐ行動する」こと、
「誰と一緒に、何を目指すか」が大切です

人生は仕事がすべてではありません。しかし、人生を「成功」と感じるか、「失敗」と感じるか、その大きな要因となるのが「仕事」であることも、また事実。Chapter 07では、主に思考習慣と行動習慣における、仕事を成功に導く習慣術を解説します。

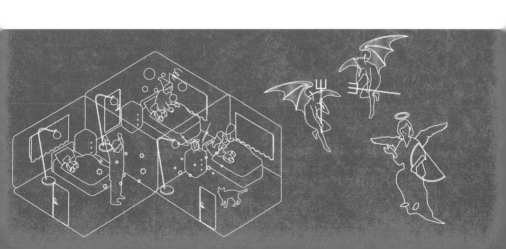

01 「儲ける」ことより「与える」ことを考える

「儲かる」のは、他者が喜んでくれているから。自分がお客様に渡す価値が、自分が受け取る価値と心得ましょう。

成功している人の多くは、「どうやったら儲かるか」よりも、「どうやったら他者への貢献ができるか」を重視しています。もちろん、最初のうちは「どうやったら儲かるか」からスタートする人が多いのですが、仕事を続けるうちに「お客様に喜んでいただけないと、儲からない」ことに気づき、**商売とは価値と価値の交換**」であり「自分がお客様に渡す価値が、自分が受け取る価値」ということにも気づきます。そして結果的に、「どうやったら儲かるか」ではなく、「どうやったら**他者への貢献**ができるか」という考えに至るのです。

「どうやったら儲かるか？」の弊害

故・松下幸之助氏はかつて、「あなたが世の中に対して提供した価値の10分の1のものが自分に返ってくる」と言っていました。ということは、他者や他社への貢献が大きいほど、結果として自社の利益も大きくなっていくということです。もし今、「自分の給料が安い」と感じている人は、「現在の社内での貢献度があなたの給料」という考え方で、「どうやったら、もっと会社やチームに貢献できるか」を、まず考えて実践してみましょう。

「どうやったら貢献できるのか？」を常に考える

○ どうやったら他者（社）への貢献ができるか

喜んでもらおう

成果を上げてもらおう

どうやったら貢献できるのだろう？と常に考えることで、利益はあとからついてきます

× どうやったら儲かるか？

儲けたい

黒字にしたい

儲からないのは、自社（商品・サービス）がお客様に喜んでもらえていないから

いったん、自分の利益のことは頭から外して、まずは「どうやったら相手に与えることができるのか？」という問いに対する答えを真剣に考えてみましょう

02 優柔不断は誤った決断より悪い

仕事においては、まず最初の一歩を踏み出すことが大切です。
あとのことは走りながら考えましょう。

ビジネスにおいては、まず「お金をいただく」ことよりも、お客様から「**時間をいただく**」ことを中心に考えるべきです。自社のことだけでなく、すべての判断基準が「お客様へのよりよい価値の提供」であり、その価値の根本的な思考の中に「お客様に時間を割いていただいている」という考え方がある以上、決断は素早くする必要があります。「**優柔不断は、誤った決断より悪い**」と考えましょう。決めるのは勇気のいることです。しかし、何も決めないよりは、結果はどうあれ、自ら意思決定を行って決断するほうがはるかにいいのです。

「お客様の時間をいただく」ことを中心に考える

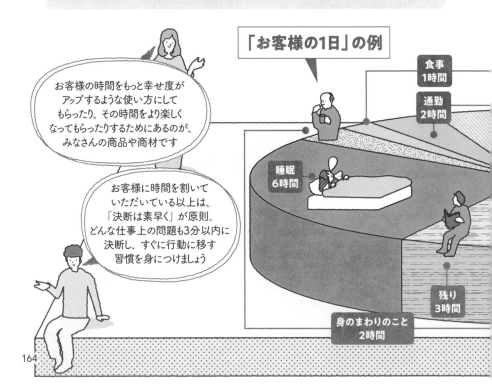

「お客様の1日」の例

お客様の時間をもっと幸せ度がアップするような使い方にしてもらったり、その時間をより楽しくなってもらったりするためにあるのが、みなさんの商品や商材です

お客様に時間を割いていただいている以上は、「決断は素早く」が原則。どんな仕事上の問題も3分以内に決断し、すぐに行動に移す習慣を身につけましょう

食事 1時間
通勤 2時間
睡眠 6時間
残り 3時間
身のまわりのこと 2時間

仕事は「**前のめり**」が重要です。入念な準備より、スピード重視です。成功している人の多くは、下手くそでも不器用でもいいから、最初の一歩を踏み出した人たちです。最初から、すべてにおいて完璧を目指す人は、恐れが先立ってしまい、いつまで経っても第一歩を踏み出すことができません。だからといって、ろくに準備もせず、ただやみくもにものごとに挑戦していきましょうと言っているわけではありません。まずは第一歩を踏み出し、今できる限りの準備をすませ、あとは**走りながら考える**ことで、仕事は形になっていきます。

お客様の時間を
いただく代わりに、
どんな情報や人脈、
ノウハウが提供できるか？

お客様に
どんな気分、感情に
なっていただきたいのか？

お客様の時間をいただき、
それに見合った価値を提供しようと
考えることが重要です

会社にいる時間
10時間

完璧主義は捨てましょう。
どんなに準備をしたと思っていても、
いざ実際にやってみると、次から次に
足りないものが出てくるものです。
まずは第一歩を踏み出すことができなければ、
目標達成のために必要な「足りないもの」
が、いつまで経ってもわかりません

03 人生は、誰と出逢って 一緒に何をするかで決まる

人脈は、単なる「顔の広さ」や「知り合いの多さ」ではなく、
深くつながる「同志」がどれだけいるかが重要です。

「**人脈**」とは、「知り合った人の数」ではなく、「強い信頼関係に基づいた人との
関係」のことです。そして、その相手の頭の中に入っている情報に、自分自身
がいかにアクセスすることができるか、が重要です。人間関係は、知人→友人
→仲間→同志と関係が発展していきます。たとえ業種業態は違っていても、同
じ目的や志を持ち、仕事とは無関係のところでも深くつながる「同志」がどれ
だけいるかが、本当の人脈なのです。

「誰と一緒に、何をするか？」が大切

誰と一緒に、何を学
ぶか、誰から学ぶか

誰と一緒に、
何を目指すか

誰と一緒に、何を
どう行動するか

成功者の多くには、
「師」と仰ぐ人がいます。
その師が共通の人だった場合、
一気に知人から同志になります

人生は、誰と出逢って、一緒に何をするかで決まります。自分だけの基準で、低い目標をクリアし続けても、大して高い山に登ることはできません。他人のため、地域のため、同業者のため、日本のための活動に、積極的に参加しましょう。人は、自分のためよりも誰かのためのほうが、思いがけない力を発揮することができます。そして、その思いがけない力が、あなた自身の「力」となるのです。

自分の基準だけでなく、まわりの人たちとともに「高み」を目指してゆっくり進むことで、結果として「高み」に到達することができます

指針とは「誰の生き方にしびれたか?」ということ。指針となる師や先輩から、その人間磨きを学びましょう

❸指針となる人から学んでいるか?

❹まわりの同志や師、先輩たちと一緒に、何かを目指しているか?

❷成功者と触れ合っているか?

❶人生の先輩から学んでいるか?

仕事上はもとより、学びの場、遊びの場のすべてにおいて、たくさんの成功者と時間を共有することで自分を高められます

年齢的な先輩、仕事上の先輩はもとより、両親や恩師も人生の先輩です

出逢って"しびれた"相手を徹底的にモデリングして、自分自身の質を高めましょう

04 「出逢い」が人生を変える

人生は、誰の生き方に影響されたかによって大きく変わります。
より多くの有意義な出逢いを求めましょう。

京セラの創業者である稲盛和夫氏は、"その人の「考え方」×「熱意」×「能力」によって、人生や仕事の結果は決まる"と述べています。この「考え方」「熱意」「能力」を鍛え上げるのが**「出逢い」**です。出逢いには、「親子」「先生」など自分自身が選択できないものと、「師」や「友人」「仲間」など自分自身で選択できるものの2種類があります。こうしたすべての出逢いに感謝できる心を強化することも大切です。

人生は、誰の生き方に影響されたかによって決まる

▶2種類の「出逢い」がある

本人が選択できない出逢いによって人生のある時期、本人の意思どおりにいかない生活を送らねばならないことも。しかし、成功者はそれすらも糧にして、自分の味方にするのです

自分自身で選択できない出逢い

後輩（部下） 先輩（上司） 先生 親子

人生は、誰の生き方に影響されたかによって決まります。本を読んで感動したなら、その著者に会いに行きましょう。また、自分のまわりにいる、明るくて元気で、素直な人と、多くの時間を共有しましょう。もちろん、より多く、有意義な出逢いを繰り返すためには、自分自身が明るく元気で、素直な人でいることも大切です。「人生、出逢った人はみんな"師"」と感じる心と自分自身のあり方が、さらに素敵な出逢いを引き寄せてくれるはずです。

▶誰の生き方に影響されたかが重要

いつ、誰に出逢ったか

その相手の生き方に感動し、その相手と何をしたか

そこから何を感じ、何を学んだか

そして、何かお返しする努力をしたか

誰と友人となるかは、今後の出逢いの良し悪しを決める鍵となります。また、あなた自身が学びの中で学んだことを実践し続け、振り返った時にはじめて「私の師」と呼べる人と出逢うことができます

「自身のあり方が出逢いを決める」と心得ましょう

自分自身で選択できる出逢い

友人

仲間

師

選択できない出逢いが悪いというわけではありません。すべては自分の捉え方しだいです。相手をどう見るかも自分自身なのです

05 自分自身をどう見せるか にこだわる

ファッションは、自分のイメージを伝えるもの。どうでもいい ファッションだと、どうでもいい心になってしまいます。

成功している人には、お洒落な人が多いです。「**自分のイメージ**」を形作るもの の1つがファッションだからです。自分のイメージとは、5年後、10年後に、 自分自身がどうなっていたいか、ということです。ここで言うファッションには、 自分が身にまとっているものはもちろん、表情や姿勢まで含まれます。つまり、 「自分自身をどう見せるか」にこだわるということです。なぜなら、どうでもい いファッションだと、どうでもいい心になり、どうでもいい心だと、どうでもい い行動を取ってしまうからです。

「自分自身をどう見せたいか」を意識する

▶ 意識すべき4+4=8つのポイント

❶いつも「どう見せる か」を意識する

❶服装

❷姿勢

❷いつも「どう見られ ているか」を意識する

❸いつも「どう見せら れるか」を意識する

❸表情

❹動き

❹いつも「どう魅せる か」を意識する

鏡を見て自分自身の調子が 悪そうと判断したら 笑顔を作る訓練をしましょう

お洒落と言っても、決して高級ブランドに身を包むという意味ではありません。「この服を着るとどう映るか」「どんな人と感じてもらえるか」ということをイメージして、常によい心の状態で過ごしていくためにも、ファッションに気を配ることが重要なのです。そして、鏡を見ることも大切です。自分自身の心の状態は、すぐに表情に出ます。その表情や姿勢1つで他者にさまざまな影響を与えるため、自分自身の状態を常にチェックする必要があるのです。

ファッションは「自分のイメージ」を形作るもの

06 自分をほめて、自分を高める

反省も大切な習慣ですが、「自分をほめる」ことでも、自分自身を高めることができます。

あなたは、自分自身の成長をほめているでしょうか？「成長をチェックする」時に、ついついできていないことやマイナス点探しをしてしまいがちなのでは？「**自分をほめる**」ことを習慣にすると、自己肯定感が上昇し、「自分はますます成長している」という思いが強くなります。もちろん、反省も大切な習慣ですが、それと同じくらいに自分自身の成長をほめ続けることも大切です。そして、そのほめる内容にふさわしい自分になっていけばいいのです。

「自分をほめる」ことを習慣にする

自分自身の能力を
さらに伸ばしていくためには
「自分はますます成長している」という
意識を持つことが大切です

自分は昨日より
進歩している

今日1日で、また成長
することができた！

自分をほめることが上手な人は、
他人をほめることも上手なものです

07 人に譲って、次につなげる

がむしゃらに勝ちにこだわるばかりでなく、時には一歩引いて
相手に勝ちを譲ることも大切です。

成功のためには、目先の勝ち負けにこだわるより、まずは目の前の人に喜んでもらおうと、時には一歩引いて**相手に勝ちを譲る**ことも大切です。たとえば綱引きをするとして、自分ばかりどんどん相手から綱を引っ張っても、相手は楽しくありません。相手に少しは引かせて楽しませようという心の余裕が、また次のステージにおいて、よりよい形で自分に返ってくるのです。その相手というのが、お客様であり、部下や従業員であり、同業者や家族なのです。

目の前の人に喜んでもらう

「損して得取れ」とは少しニュアンスが異なりますが、シンプルに「目の前の人に喜んでもらおう」という発想や気持ち、そして心の余裕が大切だということです

目先の勝ち負けにこだわると…

つまずいた途端人が離れていく…

お金があっても仲間がいない…

目先の仕事で勝っても次につながらない…

私たち日本人には譲り合うという文化があったはず。仕事や生き方についても、今一度、その原点に立ち返って考え直してみましょう

07 仕事がうまくいく習慣術

173

08 お金は「儲け方」より「使い方」が大切

ここでは、成功している人が心がけている、お金の使い方の「5つの意味づけ」を見ていきましょう。

成功する人の多くは、「**お金は儲け方よりも使い方が大切**」と考えています。そして、お金の使い方に5つの意味づけをし、常に意識しています。それは、最低限必要な費用である「**消費**」、不必要な支出である「**浪費**」、未来の自分のために使う「**投資**」、目的のための計画的な貯蓄である「**目的貯金**」、その月に余ったお金である「**一時的貯金**」の5つです。

お金の使い方の「5つの意味づけ」

「5つの意味づけ」のうち、実はもっとも重要なのが「投資」です。「もう、今の自分で十分だ」と感じているなら、これを削っても構いません。しかし、「まだまだ成長したい」「もっと自分をよくしたい」と思っているなら、自己投資は必要です。この「投資」を意識的に始め、続けることで、ほとんどの人に明らかな"よい変化"が表れます。ぜひ、お金に対するマネジメント能力や金銭思考を身につけるようにしましょう。

「5つの意味づけ」の相関関係

お金の使い方の「5つの意味づけ」は、それぞれが互いに影響し合っています

「消費」×「浪費」

夕食時に「ビールを1本飲む」と決めた場合、"明日への活力"としてその1本は「消費」ですが、「もう1本」「もう1本」と数が増えていくと、それは「浪費」です

もう1本

そのうち読もう…

「投資」×「浪費」

セミナーに行ったり、本を買ったりして、未来の自分のために活かそうとするのは「投資」ですが、セミナーで感動しただけ、または本を読んだだけで何もしなければ、それは「浪費」です

「目的貯金」×「消費」×「浪費」

「独立開業資金」「資格取得費用」などの明確な使用目的がある場合は、そのために毎月貯める金額を決めて、その金額を確保するための消費行動を考えましょう。そう考えて、もし削減できる消費行動がある場合、それは「浪費」です

どの消費を削れるか考えよう

「一時的貯金」

この「5つの意味づけ」のうち「一時的貯金」に関しては、個々に所得が異なるため一概には言えませんが、「微量な積み重ねが、将来大きな差になる」と認識しましょう

1円を笑う者は1円に泣く！

09 無駄な時間を意識して取り除く

「時間が足りない」と思ったら、「何をするか」「どう動くか」の前に、「どう時間を空けるか」を考えましょう。

「無駄な時間」を切り捨てていくためには、ふだんから「有効な時間」と「無駄な時間」を意識して生活する必要があります。たとえば、以下のように「**無駄な時間リスト**」を作ると、日常的に自分が浪費している「無駄な時間」を可視化できます。この時、大切なのは「無駄を思い出して書く」だけでなく、そのあとに赤ペンなどで「**対策を書く**」こと。これを寝る前に行うことで、顕在意識がOFFになる寸前に、脳にインプットすることができます。

「無駄な時間リスト」と「その対策」の例

何気なくつけたテレビをそのまま見てしまった
➡明日は帰宅してもテレビはつけない

仕事のメールチェックをするつもりが、Twitterを1時間も見てしまった
➡メール返信後は、すぐにPCの電源を落とす

断ってもよい飲み会の誘いに乗ってしまった
➡明日中に、未来に対しての自分のタスクの優先順位をリスト化する

明日への無駄防止対策を寝る前に行いましょう

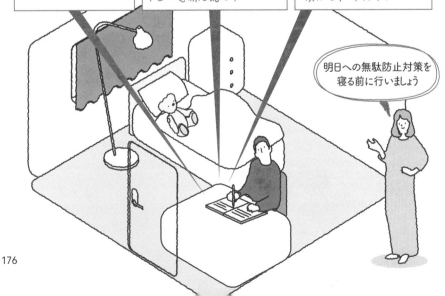

基本的に、時間管理が上手な人は「何をするか」や「どう動くか」の前に、「**どう時間を空けるか**」を考えています。そのためには、時間の調達能力を身につける必要があります。たとえば、以下のように時間を記録して整理し、捨てたり排除したりすることで、自分の時間を作ることができます。時間管理とは、時間を操る力を身につけることなのです。

「やめること」と「すること」を明確にする

自分の1日24時間を30分刻みで1コマとして、何に何コマ使っているか記録してみましょう

| 0時 | 3時 | 6時 | 9時 | 12時 | 15時 | 18時 | 21時 | 0時 |

睡眠

歯磨き・洗顔・食事

新聞・ニュースのチェック

通勤（うち読書30分）

メールのチェックおよび返信

企画書作成

発送業務

事務書類作成

昼食

報告会議

議事録作成

プレスリリース作成（2本）

情報収集・会議資料作成

明日のスケジュール確認

通勤（うち読書30分）

食事・入浴・ストレッチ

資格の勉強

自由時間

これを1週間ほど行うと以下の3つが見えてきます

重要なのは「何に集中するか」という意思決定と、「どれだけ集中できるか」という資源の最大化です。そして、この資源こそが「時間」なのです

捨てるべきこと＝非生産的活動 ← やめること

他者に任せられることは任せる＝他者の能力向上になる ← すること

原因の排除＝時間の無駄への対策

10 イメージやアイデアを他人に話す

イメージやアイデアを意識的に人に話すことで、自分の頭の中の情報を整理することができます。

協力者を得るためには、自分自身のイメージやアイデアを積極的に他人に**話す**ようにしましょう。私たちは、頭の中の情報を「言葉」として出力しながら、自分自身の耳で聞くことで、その意味を再認識（入力）しています。誰もが、この2つの情報を比較しながら「自分が真に伝えたいことは何か」「どう伝えたら伝わるのか」を分析しています。そして、次に他の人と同じ話をした時には、話の要点をよりスムーズに伝えられるようになっています。

「話す」ことで情報を整理する

11 失敗したら、素直に謝る

人間は失敗を繰り返して成長していきます。しかし、失敗して人に迷惑をかけてしまった場合は、すぐに謝る潔さが大切です。

生きていれば誰しも、失敗をしたり迷惑をかけたりすることがたくさんあります。失敗は決して悪いことではありません。そこから何かを学んで成長していけばいいのです。しかし、失敗をしたり迷惑をかけたりした時は、相手が部下や後輩であったとしても、すぐに丁寧に謝りましょう。決してごまかしたり、嘘をついたりしてはいけません。1つ嘘をつくと、その次もごまかしたり、嘘をついたりしなければならなくなり、やがて信用を失うことになります。

すぐに「謝ることができる」潔さが大切

179

「実行力」と「変身術」を身につけよう

仕事を進める上でもっとも大切なのは、入念な準備ではなく、まずは行動を起こす「実行力」です。

人生において、特に仕事において何よりも大切なのは「**考えるよりも実行**」することです。「うまくいく」とか「うまくいかない」とか、あるいは「その実力がある」とか「実力がない」とかは関係ありません。実力がなければ、まずは動いて経験しながら実力をつけていけばいいのです。実力とは、経験の蓄積です。だとしたら、ただ実行量を増やせばよいということになります。より多くの経験を積むことができるのは、実行力のある人だからです。

「実行⇨経験」が「実力」になる

「考えるよりも実行」を実践し、うまくいかなければ、どうしたらうまくいくかを考えて再び実行し、自分なりのノウハウを蓄積していくのです。それが「実力」の正体です。ちなみに、「実行力」を身につけるには、理想の自分を演じ切る「**変身術**」も役立ちます。ただ、がむしゃらに即実行するだけではなく、理想の自分に変身して、とことんやり切るのです。自分の実力に疑いを持ちながら、びくびくと中途半端に動いているだけでは、成果も中途半端になるのは当たり前です。あなたも「即変身、即実行」を意識してみてください。

あのドラマの主人公だったらどう行動するだろう？

理想の自分や指針とする人物になり切る（変身する）ことで、実行力が強化されます

あの経営者ならどう判断するだろう？

理想の自分だったらどう答えるだろう？

考える前に実行し、実行しながら考えよう

トラブルがあっても…

真の実力を獲得

うまくいかないことも経験し、試行錯誤と実行の繰り返しで自分なりのノウハウを蓄積

経験が積めない

実力がつかない

SHUUKANKA
METHOD
mirudake note

Final Chapter

心を整える習慣術

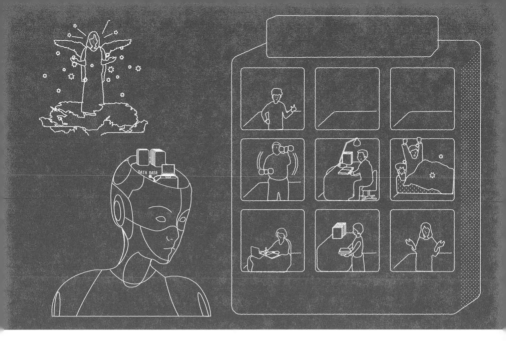

この終章を読み終えたら、この本の中で
一番惹かれたページをもう一度読み返して、
できれば今日から「実行」してみましょう

この本もそろそろ終わりです。 しかし、 この本を「読んだ」
だけでは、 あまり意味はありません。 この本に書いてあること
が「10」だとしたら、 そのうち1つでも、 2つでも実行して
みれば、あなたの人生は変わるはずです。 まずは心を整えて、
ゆっくりと、着実に、未来の「なりたい自分」に近づきましょう。

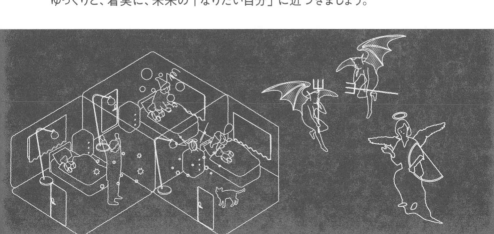

01 常に「ありがとう」の気持ちを持ち続ける

あらゆるものに対して「感謝」することで、いかなる状況でも前向きに生きることができるメンタルが養えます。

成功している人は、「ありがとうございます」という言葉を頻繁に使います。人に何かをしてもらったから、何かを助けてもらったから、「ありがとう」とお礼を伝える感覚ではなく、何もなくても、とにかく「ありがとう」なのです。謙虚な気持ちで**感謝**を忘れず、ひたすら努力する人にはチャンスが訪れるものです。そのような思考や行動を作っていく上で、大切な言葉が「ありがとう」なのです。

稲盛和夫氏の「六つの精進」

Chapter 07でも紹介した
実業家の稲盛和夫氏は、ご自身が
人生や仕事において重要と考える
実践項目をまとめた「六つの精進」の
1つに「感謝」を挙げています。

努力
(Effort)
誰にも負けない
努力をする

謙虚
(Humbleness)
謙虚にして
驕らず

反省
(Reflection)
反省のある
毎日を送る

感謝
(Thankfulness)
生きていることに
感謝する

善行
(Benevolence)
善行、利他行を
積む

感性
(Sensibility)
感性的な悩みを
しない

行動していると、うまくいかないことも、失敗することもあります。そのような時に、見栄や突っ張りが必要でしょうか？ 自分自身に起こることは、環境や他人のせいではなく、すべて自分自身が原因なのです。そして、人生や仕事において、他者の助けなく、自分1人の力で大きな成功を得ることは不可能です。いかなる環境や状況においても、前向きに生きるために欠かせないのが「ありがとう」という言葉なのです。

生きていることに感謝する

人は自分一人では生きていけません。空気、水、食料、また家族や職場の人たち、さらには社会など、自分を取り巻くあらゆるものに支えられて生きているのです。

そう考えれば、自然に感謝の心が出てくるはずです。不幸続きであったり、不健康であったりする場合は「感謝をしなさい」と言われても、無理かもしれません。

それでも生きていることに対して感謝することが大切です。感謝の心が生まれてくれば、自然と幸せが感じられるようになってきます。生かされていることに感謝し、幸せを感じる心によって、人生を豊かで潤いのあるものに変えていくことができるのです。

いたずらに不平不満を持って生きるのではなく、今あることに素直に感謝する。その感謝の心を「ありがとう」という言葉や笑顔で周囲の人たちに伝える。そのことが、自分だけでなく、周りの人たちの心も和ませ、幸せな気持ちにしてくれるのです。

出典：稲盛和夫 OFFICIAL SITE「六つの精進」より

まわりへの感謝はもとより、自分自身に対して感謝する能力が高まってくると、心が安定し、努力し続ける心も養われます

どんなに困難に思える状況においても、そのこと自体に「ありがとう」と感謝し、そこに立ち向かっている自分自身にも「ありがとう」と感謝からものごとを捉えられるため、「つらい」よりも「ありがたい」と感じるようになるのです

185

親への感謝と尊敬が
心を整える

02

親への感謝の気持ちが、あなたの心を整えてくれます。そして、
心の安定が目の前のチャンスに気づかせてくれます。

当たり前のことですが、親とは自分自身のルーツです。人にはそれぞれの人生
があり、いろいろな環境や状況の中での親子関係があります。ご自身の親子関
係については、みなさんそれぞれの受け止め方があることと思います。しかし、
常に**親への感謝**を意識していると、不思議と心のざわつきがなくなります。感
謝する心を持つことによって、自分の心が整っていくのです。

感謝する心が、自分の心を整える

▶誰にでも、すぐにできる親孝行

感謝の気持ちを伝える

ありがとう

成功している人の多くは、
親やご先祖様への感謝の言葉を
よく口にします。感謝する心が、
自分の心を整えるのです

誕生日や記念日を祝う

おめでとう

電話や手紙など
連絡の機会を増やす

もしもし

ニャー

ところで、チャンスとは私たちに訪れるものではなく、私たちが自ら見つけるものです。心が整っていないとチャンスに気づかない場合もあります。そして、心が整っている状態だから、その目の前のこと（チャンス）に対して、迅速な決断を下して、素早くつかみ取ることができるのです。親を思い、感謝し、尊敬する気持ちを持ち、**親孝行**をする。そのこと自体が、あなたがチャンスをつかむきっかけになるのです。

03 「限界」と思った時が、本当の勝負の始まり

「限界」を決めているのは、あなた自身です。「もう限界」と感じたとしても、あなたが知らないやり方が必ずあるはずです。

生きていれば、「もう限界」と感じる時もあるかもしれません。しかし実際のところ、その「**限界**」を決めているのは、あなた自身なのです。人生は「もうだめだ」と思った時から、本当の勝負が始まります。もし、あなたが30歳なら、それは「あなたの30年しか生きていない人生で、知っている方法をすべて試した」だけのこと。あなたの知っているやり方が、世の中にある方法のすべてではありません。

「限界」と感じた時こそチャンス

あなたに必要なのは、自身の成功を信じ、チャレンジし続けること

188

つまり、「限界」とは、これまで知らなかった方法を学び、それを試すチャンスなのです。もし、どうしても「限界」を乗り越える方法がわからなければ、まわりの人に頭を下げて聞きましょう。自分のこれまでの人生で得た知識や経験だけで、勝手に限界を決めるのは大間違いです。あなたに必要なのは、自身の成功を信じ、チャレンジし続けることです。「もう限界」と感じた時こそ、理想の自分に近づくチャンスなのです。

◉ 主要参考文献

ナニワのメンター流　最強のビジネスマインドを獲得する習慣形成トレーニング
吉井雅之　著（イーハトーヴフロンティア）

成功する社長が身につけている52の習慣
吉井雅之　著（同文館出版）

習慣が10割
吉井雅之　著（すばる舎）

◉ 参考サイト

「No.1習慣形成コンサルタント」『ナニメン』のブログ
https://ameblo.jp/nanimen12/

◉ STAFF

編集	小芝俊亮（株式会社小道舎）
本文イラスト	本村 誠
カバーイラスト	ぷーたく
カバー・本文デザイン	別府 拓（Q.design）
DTP	川口智之（シンカ製作所）

吉井雅之
（よしい まさし）

有限会社シンプルタスク代表取締役。習慣形成コンサルタント。喜働会会長。JADA協会SBT1級コーチ。「大人を元気にする」を使命に、自己実現のための習慣形成連続講座『喜働力塾』を全国で延べ84期実施、卒業生は2500人以上。習慣形成のメソッドを伝え、成果・結果を積み上げていく人を多数輩出している。多業種にわたり、各企業の顧問として、人間力戦略のコンサルティング、人材育成トレーニングを中心に増収増益のお手伝いをする傍ら、習慣形成を軸に人材育成トレーニングや講演、セミナーで全国をまわっている。また、子どもたちの夢を叶えるために、小、中、高等学校の生徒向け、保護者向けの講演も積極的に行うほか、脳の機能と習慣形成を活用した能力開発で、ビジネスパーソンだけでなく、スポーツチームの指導、受験生の能力アップも行っている。著書に『成功する社長が身につけている52の習慣』（同文舘出版）、『習慣が10割』（すばる舎）などがある。

有限会社シンプルタスク　https://simpletask.co.jp

【吉井雅之オフィシャルLINE】
毎朝無料メッセージ配信中
登録者特典動画付き
下記の二次元コードよりご登録ください

人生を変える! 理想の自分になる!
超速! 習慣化メソッド見るだけノート

2021年12月10日　第1刷発行
2024年12月 2日　第4刷発行

著　者　　吉井雅之

発行人　　関川 誠
発行所　　株式会社 宝島社
　　　　　〒102-8388
　　　　　東京都千代田区一番町25番地
　　　　　電話　営業：03-3234-4621
　　　　　　　　編集：03-3239-0928
　　　　　https://tkj.jp

印刷・製本　　サンケイ総合印刷株式会社